# 心系地坪风雨桥

——全国重点文物保护单位抢救纪实

国家文物局 编

文物出版社

全国重点文物保护单位——地坪风雨桥

文化部部长孙家正(左四)和国家文物局局长单霁翔(左二)与抢救地坪风雨桥先进集体和先进个人代表合影

抢救地坪风雨桥先进集体和先进个人代表在表彰会上发言

## 心系地坪风雨桥

当地干部群众在风雨中用铁丝加固桥体

当地群众正在紧张地加固桥体

当地干部群众密切关注风雨桥的安危

洪水中摇摇欲坠的地坪风雨桥

心系地坪风雨桥

即将倒塌的地坪风雨桥

风雨桥倒塌的瞬间

风雨桥倒塌的瞬间

心系地坪风雨桥

洪水过后的风雨桥原址

当地群众在河水中抢救风雨桥构件

当地群众在河水中抢救风雨桥构件

乡亲们手抬肩扛运回风雨桥构件

心系地坪风雨桥

乡亲们手抬肩扛运回风雨桥构件

乡亲们运送风雨桥构件

村民们商量搜救风雨桥构件行动

被抢救回来的部分风雨桥构件

心系地坪风雨桥

沿岸村民搜救的风雨桥部分构件

乡亲们运送风雨桥构件

搜救回来的风雨桥构件

村民为胜利抢救回风雨桥构件而欢呼

14

## 心系地坪风雨桥

地坪乡小学师生集体签名呼吁尽快修复风雨桥

15

洪水过后的风雨桥残迹 ▼

心系地坪风雨桥

洪水过后的风雨桥残迹 ▾

侗乡人民用传统方式欢迎国家文物局采访团的到来

记者团在风雨桥现场采访地坪乡有关领导

心系地坪风雨桥

地坪乡有关领导向记者团介绍情况

记者采访贵州省文物局局长侯天佑

记者在风雨桥被洪水冲毁的现场采访

当地人员向采访团介绍抢救回的木构件情况

心系地坪风雨桥

记者采访地坪乡上寨村村民

21

部分记者与接受采访的村民合影

国家文物局记者采访团与黎平县政府有关人员座谈

# 目　次

**关于表彰抢救地坪风雨桥先进集体和先进个人的决定**……………1

**在全国文物工作先进县表彰大会上的讲话**
　　文化部部长　孙家正（2004年12月20日）………………… 3

## 先进事迹

**抗洪水　保护民族瑰宝　付艰辛　抢救风雨古桥**
　　——在全国文物工作先进县表彰大会上的发言
　　贵州省黎平县地坪乡人民政府　甘仕杰……………… 6

**情系"国保"对洪愁　位卑未敢忘民忧**
　　——黎平县文体广播电视局搜救"国保"先进事迹………… 13

**洪水无情人有情　众志成城救"国保"**
　　中共地坪乡委员会　地坪乡人民政府………………… 17

**不眠的72小时**
　　——中共黎平县委书记杨胜勇在抢救地坪风雨桥的战斗中……… 21

**身先士卒　指挥若定**
　　——奋战在抢险第一线的黎平县副县长张先明……………… 23

**情系"国保"　不辱使命**
　　——罗远光抢救地坪风雨桥先进事迹…………………… 25

**真情感动村民　汗水倾注花桥**
　　——一个侗族基层文化干部的花桥情结………………… 28

**恪尽职守　全力抢险救"国保"**
　　——一个文物工作者在地坪风雨桥遭受洪水冲毁的前前后后…… 30

**抢救"国保"　责无旁贷**
　　——张勇贤抢救地坪风雨桥先进事迹…………………… 32

**抢救国家文物　责任重于泰山**
　　——甘仕杰抢救地坪风雨桥先进事迹…………………… 34

地坪风雨桥的最后一天
　　——粟才勇抢救地坪风雨桥先进事迹 ................................ 39

在令人痛惜的日子里
　　——杨再华抢救地坪风雨桥先进事迹 ................................ 42

亲历洪灾
　　——代仕英抢救地坪风雨桥先进事迹 ................................ 44

与洪水的较量
　　——粟文望抢救地坪风雨桥先进事迹 ................................ 46

在公与私之间的选择
　　——吴万祥抢救地坪风雨桥先进事迹 ................................ 48

艰难的搬运
　　——粟朝辉抢救地坪风雨桥先进事迹 ................................ 50

## 采访报道

贵州民众自发抢救水毁国宝　文保事业呼唤民间力量
　　.............................................. 新华社　荣　燕　52

重建地坪风雨桥
　　.............................................. 人民日报　徐　馨　55

洪水无情　骇浪吞噬百年花桥　寨民有义　舍命抢回"国保"构件
　　.............................................. 光明日报　李　韵　59

侗族"国保"贵州省黎平县地坪风雨桥修复有望
　　.............................................. 中国新闻社　满会乔　63

人与桥的故事
　　.............................................. 中国文物报　李　艳　66

洪水突袭后七成文物构件被群众寻回
黎平地坪风雨桥着手按原貌修复
　　.............................................. 贵州日报　樊园芳　72

后　记 ..................................................74

# 关于表彰抢救地坪风雨桥
# 先进集体和先进个人的决定

文物发[2004]49号

**各省、自治区、直辖市文化厅（局）、文物局（文管会）：**

2004年7月20日，全国重点文物保护单位贵州省黎平县地坪风雨桥被一场突如其来的山洪冲毁。黎平县人民政府和地坪乡广大干部群众，冒着生命危险，与风雨和洪水展开激烈的搏斗，抢救出大量风雨桥建筑构件。他们还徒步翻山越岭顺流而下，前往广西壮族自治区，用整整两天两夜时间走访了近三百农户，搜寻到风雨桥大梁等大量构件，为该桥复建打下良好基础，为保护抢救文物做出突出贡献。

为表彰在抢救地坪风雨桥中涌现出的先进集体和先进个人，文化部、国家文物局决定：授予贵州省黎平县地坪乡政府"文物保护特别奖"，对杨胜勇等14人予以表彰奖励。

希望受到表彰的集体和个人保持荣誉，再接再厉，为保护祖国文化遗产做出不懈的努力。同时号召全国文化系

统、文物系统向他们学习，进一步深入宣传贯彻《文物保护法》，引导人民群众增强文物保护意识，积极参与文物保护行动，为发展文物事业，构建社会主义和谐社会做出新的贡献。

中华人民共和国文化部
国　家　文　物　局
二〇〇四年十二月十六日

# 抢救全国重点文物保护单位地坪风雨桥先进集体和先进个人名单

**文物保护特别奖**
贵州省黎平县地坪乡人民政府

**先进个人**
杨胜勇、张先明、罗远光、易同军、谢俊泉、张勇贤、甘仕杰、粟才勇、杨再华、代仕英、粟文望、吴万祥、粟朝辉、吴明光

# 在全国文物工作先进县表彰大会上的讲话

**文化部部长 孙家正**
(2004年12月20日)

同志们：

今天，文化部和国家文物局举行表彰大会，表彰在文物保护工作中取得突出成绩的31个县（市、区），授予"全国文物工作先进县"荣誉称号。我代表文化部和国家文物局向获得"全国文物工作先进县"荣誉的县（市、区）人民政府表示热烈的祝贺！衷心感谢你们为文物事业的发展做出了突出的贡献！同时，向工作在文物保护第一线的文物工作者表示诚挚的问候！向关心和支持文物事业发展的广大干部群众表示真诚的谢意！

近几年来，各级政府在邓小平理论和"三个代表"重要思想指导下，认真宣传贯彻《文物保护法》，不断加强和改进对文物工作的领导，取得令人欣喜的成绩，涌现出一批文物工作先进县。这些县（市、区）政府把保护文物作为自己的重要职责，采取有力措施，动员社会各方面力量和人民群众积极参与和支持文物保护工作，确保文物安全，充分发挥出文物工作在社会主义物质文明、政治文明、精神文明建设中的作用。刚才，贵州省黎平县地坪乡的同志向大会介绍了该乡上百名干部群众在风雨和洪水中团结奋战，抢救全国重点文物保护单位——地坪风雨桥的感人事迹。为了保护抢救珍贵的民族文化遗产，我们的父老乡亲英勇无畏，做出了无私的

奉献。这是基层政府高度重视文物保护工作，广大人民群众增强文物保护意识、参与文物保护行动的生动例证，也充分体现出宣传贯彻《文物保护法》的重要作用和深远的影响。我们希望受到表彰的文物工作先进县珍惜来之不易的荣誉，再接再厉做好文物保护工作。也希望全国各地向文物工作先进县学习，共同开创文物工作的新局面。

作为一个文明古国，在漫长的历史岁月中，我们的祖先用勤劳和智慧创造了辉煌灿烂的中华文明，给子孙后代留下了丰富的文物资源。在经济、科技迅速发展，人类文明不断进步的今天，文物保护工作在社会生活中的地位和作用越来越突出。党中央、国务院十分重视文物事业的发展。今年6月28日，胡锦涛主席在致第28届世界遗产委员会会议的贺辞中，明确指出保护世界遗产是历史赋予我们的崇高责任，是实现人类文明延续和可持续发展的必然要求，是造福人类的千秋功业。这对我国世界遗产保护工作，对文物事业的改革和发展都具有重要的指导意义。

当前，我国改革发展正处在关键时期，文物工作也面临着新的机遇和挑战。发展是党执政兴国的第一要务。在发展中要大力加强文物保护工作，按照科学发展观的要求，坚持以人为本，从广大人民根本利益出发，把我们祖先留下的珍贵文化遗产保护好，千秋万代传承下去。在工业化和城市化的进程中，保护文物的任务更加艰巨，各级政府肩负的职责更加重大。历史的经验告诉我们，在经济建设和城市基本建设中，通过文物保护工作，能够挖掘城市的文化内涵，树立城市的文明形象，为人民生活创造更加美好的人文氛围。如果以损毁文物为代价求发展，最终会危及人民的根本利益，也会危及发展本身。因此，要围绕经济建设这个中心大力做好文物保护工作，从广大人民利益出发谋发展，让文物保护的成果、经济社会协调发展的成果惠及全体人民。

党的十六届四中全会作出关于加强党的执政能力建设的决定。我们要努力建立适应社会主义市场经济体制要求、遵循文物工作自身规律、国家保护为主并动员全社会参与的文物保护新体制，把加强党的执政能力建设融于文物事业各项工作中去。国家保护为主首先明确了文物保护是国家的责任，不仅要由中央政府来承担，也是各级地方政府的职责。各级政府要继续深入宣传《文物保护法》，坚定不移地贯彻党和国家的文物工作方针，使保护文物成为全社会的共识，营造人人关心文物、全民保护文物的社会氛围。要加强对文物工作的领导，一如既往地支持文物部门的工作，健全地方性文物保护法规，完善文物保护机构，落实文物保护措施，把文物保护纳入当地经济和社会发展计划，纳入城乡建设规划，纳入财政预算，纳入体制改革，纳入各级领导责任制。通过扎实的基础工作，切实保护文物资源，合理利用文物资源，发挥文物工作在建设先进文化、弘扬民族精神中的作用，满足人民群众文化需求，促进人的全面发展，促进文物事业的发展，促进经济社会的协调发展，在经济发展、文化繁荣、社会进步中构建社会主义和谐社会。

让我们紧密地团结在以胡锦涛同志为总书记的党中央周围，以邓小平理论和"三个代表"重要思想为指导，深入学习贯彻党的十六届四中全会精神，树立和落实科学发展观，抓住机遇，迎接挑战，开拓进取，求实创新，为促进文物事业的发展，为全面建设小康社会做出新的贡献。

## 先进事迹

# 抗洪水　保护民族瑰宝
# 付艰辛　抢救风雨古桥

——在全国文物工作先进县表彰大会上的发言
贵州省黎平县地坪乡人民政府　甘仕杰

2004年7月20日，贵州省黎平县地坪乡遭受了百年不遇的特大洪涝灾害。全国重点文物保护单位、有122年历史的地坪风雨桥，在这场无法抗拒的自然灾害中被洪水冲毁。这一灾情令地坪人民痛心，让世人惋惜，得到各级领导重视，引起社会各界关注。灾情发生后，地坪乡广大干部群众奋力抢险，艰难搜寻，全力抢救，在短短半个月时间内，从滔滔洪流中夺回风雨桥73%的建筑构件。那一幕幕惊心动魄的抢险场景，百里江畔的艰难搜寻行动，几百名群众十里长河搬运风雨桥构件的感人场面，叙之动情，述之感人。

### 洪流滔滔抢花桥

从7月18日至20日上午，地坪乡境内以及南江河流域连降暴雨，总降雨量高达280毫米，持续时间长、强度大，引发多处山洪暴发，南江河干流，龙额、高青河支流，水位涨势迅猛，超出历史最高水位3米以上，全乡灾情告急……

20日上午9时，南江河地坪段超出历史洪水水位，乡党委、政府及时将险情向县委政府及县文化部门汇报，县委县政府和县文化部门高度重视。县委书记杨胜勇当时正在州里开会，立即电话指示：要千方百计采取措施保护风雨桥。县委常委、副县长张先明同志一边在电话中指挥抢险，一边立即组织并带领县有关部门人员往地坪方向赶来。

## 心系地坪风雨桥

9时10分，乡党委、政府再次紧急部署风雨桥抢险工作，要求把抗洪抢险的主力集中到保护地坪风雨桥的工作上，并立即组织由乡干部和上、下寨村近300名青壮年群众组成的抢险队伍，用尽所有能找到的铁丝、钢绳、爪钩等将桥身进行捆绑、加固、牵引，把风雨桥绑得像一座索拉桥。时间一分一秒地过去，雨越下越大，水越涨越高……

上午11时，桥墩被洪水淹没，上游冲下来的民房及树木拍打着桥身；11时45分，地坪风雨桥整个桥身陷于洪水之中。此时，地坪乡的供电、交通、通信已全部中断，与外界失去联系，只有地坪风雨桥和地坪人在与洪水作最后的抗争。

12时25分，河对岸的管理用房全部被洪水吞没，突然一声巨响，地坪风雨桥右侧的石墩被洪水冲击塌陷，风雨桥右岸的桥体随着石墩的塌陷陷入洪流中，此时，只听"嘣、嘣、嘣……"，岸上和桥上用于捆绑加固桥体的铁丝和绳索全部断裂，风雨桥全部沦于洪水中，被无情的洪魔卷走。岸上一片寂静，几百双目光呆滞了，青年、老人、孩子，眼睛都模糊了，几位老人边流着泪边说："花桥走了，就像我们家里失去了老人一样伤心。"

12时30分，地坪风雨桥被无情的洪水夺走后，一部分被铁丝、钢绳固定着的构件还在洪水中漂浮不定，闪念间，岸上几百人的抢险队伍，一边追赶着被洪水卷走的花桥，一边高喊："快！快！把靠岸的木料救上来！"此时已有上百名干部群众不顾个人安危，纷纷跳入洪流中展开打捞，打捞工作一直持续到傍晚，人们疲惫不堪，但仍久久不愿离去。当场一共打捞到2根22米的大梁，8根8米的短梁，其他构件38件，大部分构件被洪水迅速卷向下游。

### 百里江畔寻构件

为挽回洪水带来的损失，乡政府决定，要全力找回散失的花桥构件。7月21日，天刚蒙蒙亮，地坪乡组成9人工作小组，开始了

艰难的花桥构件搜寻工作。

这时洪水还没有完全回落，公路仍有部分淹没在水中，沿河的道路不是上崩就是下塌，行进在路上真正体验了披荆斩棘、跋山涉水的滋味。一边要小心脚下的路，一边要注意观察河两岸是否有被打捞上来的花桥构件，路上每遇到一个行人就打听消息，每遇上一户人家就入户询问。搜寻近两个小时后，地坪乡境内仅搜寻到4根构件，而大部分构件，特别是桥的28根主跨大梁，除2根在现场抢救中被打捞到外，其余26根仍下落不明，当时判断已沿都柳江全部流入广西地界，搜寻小组火速赶往高安。

9时30分，搜寻工作组进入广西三江的富禄乡高安村河口，看到一些花桥碎片和部分构件，有的还被农户用绳索固定、漂在水中，此时同志们疲倦的脸上终于露出了微笑。

为了确保搜救行动的顺利开展，搜寻工作组在高安大桥临时召开了碰头会，经研究统一了思想，确定了这次搜救工作的六条工作意见：一是先锁定大梁和大的构件，然后分头入户调查登记，集中解决问题，这样才能节省时间，防止打捞户得到消息后逃避；二是入户后要说明来意、讲明身份，用诚恳、感谢的语气跟打捞户沟通，争取配合和支持；三是向农户说明所打捞到的是国家文物，不准变卖、加工、锯短、转移，并要明确保管责任；四是如果农户提出要钱，一律不准乱开口子，既不能讲不给，也不能讲给多少。这次搜寻工作只负责搜寻登记和明确保管责任，费用问题，待回去汇报后在收集阶段协商解决；五是必须在第一时间与打捞户见面，防止一些黑木商进入，增加工作量；六是沿河搜寻调查和登记完毕后，必须与广西当地政府和公安派出所联系，争取得到他们的配合协助。

10点整，搜寻工作组在高安村分头入户展开了工作。由于安排妥善，在高安村仅用两个小时就走访了70多户，其中与花桥构件有关的农户24家、48人，共搜寻到大梁构件11根，其他构件18

件。在搜寻过程中，有的打捞户反映：一是已有老板来问他们卖不卖；二是有的大梁是几个人共同打捞到的，他们准备锯短来分；三是因木料长而且大、他们必须锯短才能搬回家；四是要搜寻工作组必须在5天内来收集搬运，时间长了什么事都可能发生。高安搜寻工作组的成员深深感到争取时间的重要性。

13时，大家都饥肠辘辘，虽然出门时没有一个同志吃过早餐，但是为了不把时间浪费在吃饭上，大家拿出带来的饼干和水，边走边充饥。为了争取时间，工作组租到了一条船，加快了搜寻步伐。13时30分，工作组到达洋溪乡波里村，搜寻到大梁4根，其他构件2根。当时有1根大梁已被拉进该村的木材加工厂，情况十分紧急，工作组立即找到木材加工厂的老板，说明情况。开始他半信半疑，不予理睬，认为是来抬价的，后来通过严肃地用国家文物的有关法律法规对他进行动员教育后，他才想通并带工作组去找到了卖主——打捞户，但卖主执意不肯退钱。因为部分构件还没有找到，不能为此纠缠不清而耽误时间，工作组果断答复买卖双方：(一)按照法律法规"国家文物不能变卖"，打捞户必须退钱给买主。(二)搜寻小组会尽快与当地乡政府和派出所联系，由他们出面协调解决。(三)目前买卖双方都有责任保管这根大梁，保管费用可以适当解决。如果这根大梁不能完好无损地退还国家，将追究买卖双方的法律责任。

14时30分，工作组迅速赶往下一站——洋溪乡勇伟村，在勇伟村共搜寻到大梁11根，其他构件2根。所有的大梁已经搜寻到位，这才缓了一口气。

按照搜寻计划，下一步就是尽快与洋溪和富禄乡政府、派出所接洽，争取得到当地政府的支持和协助。

21日15时左右，工作组赶到洋溪。洋溪乡与地坪乡交界，平时因为工作经常来往，关系很密切，工作组将情况说明后，得到了他们的大力支持和协助。洋溪乡人大主席石英雄同志亲自领着工作

组到勇伟村和波里村找到村干部,把所有涉及风雨桥构件的农户名单作了交待,同时要求村干部责成虽然在名单之外、但也打捞到花桥构件的农户,一定要把文物保管好。

离开洋溪,工作组稍稍感觉轻松,但已是傍晚,下一站的目标就是直达富禄。从洋溪乘船到富禄逆水行驶至少要4个小时,船主有些顾虑,一是由于逆行浪大水急,夜间行驶很不安全。二是天空中乌云聚积,不时电闪雷鸣,可能有暴雨。但是及时联系上富禄乡政府以便做好高安方面的工作十分紧迫,经工作组再三要求并增加租金后,船主才勉强答应。此行是工作组最冒险的一次经历,当船行驶到距富禄约5公里处时,雷雨交加,江面刮起了阵阵狂风,掀起的大浪不时拍打着船舷,大家的衣服都湿透了。一艘仅10马力的机帆船,在都柳江内,就像一片树叶在河里漂荡一样,船不时在左右摆动,突然船身发生180度的急转弯,只听船主对船工惊叫:"哎哟、哎哟",老练的舵手及时将船往靠岸避风的地方行驶,并找到一个避风处暂停下来,待雨停后继续前进。经与船工闲谈,才知道,刚才大风的时候船往左边倾斜,大家一齐往左边靠,而使船失去平衡。船工说:"你们从没有坐过船吧,差点就把你们几条命丢了。"大家当时却没有任何感觉到危险的害怕表情,只是一笑而过。雨停后,船继续前行,到达富禄已是23时。

投宿时,大家已经全身湿透,有几位同志开始咳嗽了。22日与富禄乡政府取得联系后,富禄的王乡长立即带大家到派出所,安排干部、干警陪工作组一起到高安村,对涉及打捞到花桥构件的群众再次做思想工作,在高安村干部的积极配合下,基本上稳定了打捞户的思想,同意负责暂时保管,在一个星期内等工作组去统一收集。

这次花桥构件的搜寻工作持续了两天一夜,整个搜救战线一路沿江有50多公里,共走访了280户,搜寻登记到花桥构件54件,其中大梁26根,其他构件28件。搜寻任务完成后,大家拖着疲惫的身子往回赶。回乡的路上，几乎迈不开步子，脚底磨出了一个个血泡，撕裂的血泡在泥沙的按挤压下疼痛难忍，一些同志的咳嗽越发加剧，但一种强大的责任感驱动着大家：这是我们应该做的工作。

## 千方百计救文物

风雨桥构件搜寻登记结束，7月23日地坪乡立即向县委县政府汇报，得到县委县政府高度重视。为防止花桥构件的流失，7月24日上午县委召开专题紧急会议，并明确于当天中午由县委常委、县委办公室主任罗远光同志和县文体广播电视局党组书记易同军等同志携款亲赴地坪组织花桥构件的第二次搜救工作，成立地坪风雨桥构件收集领导小组，组成近20人的工作队伍，分成两个工作小组，于7月25日再次奔赴广西富禄高安、洋溪勇伟、波里等地开展花桥构件的收集工作。打捞到花桥构件的都是广西群众，大多是少数民族，而且都是在滔滔洪水中冒着生命危险打捞到的，所以收集工作十分艰难，并一度陷于困境。有时为了收集一件构件工作组要上门10多次，做大量耐心细致的思想动员工作，对打捞群众晓之以理，动之以情。在广西当地政府的大力协助下，一边协商，一边用国家文物保护的有关法律法规对群众进行教育，收集工作得以逐步开展。工作组的同志们白天顶烈日，晚上挨家挨户磨嘴皮，脚板磨出了血泡，肩膀晒脱了皮，嗓子也变得沙哑，但只要一发现有散失的构件，就千方百计采取措施，将其收集到位。艰苦的收集工作持续了五天五夜，走访1200余名群众，共收集到花桥构件54件，其中大梁26根，其他构件28件，于7月31日组织并护送到南江河口贵州省境内。

## 十里长河运"国保"

花桥所有的构件收集结束后，由于道路交通尚未恢复，并且花

桥大梁每根都在20米以上，无法用车辆运输。当时洪水水位还没有完全回落，选择水路搬运是最快捷的办法。为及时将构件运抵地坪，在乡政府组织下，地坪上、下寨两村的几百名群众主动请战自愿义务搬运。数百名群众绳牵、手推、肩拉，像蚂蚁搬家一样，从广西高安沿水路逆流而上，用3天时间将所有收集到的花桥构件全部搬到地坪风雨桥原址，并且上岸、归堆、保存。其中，每根重达数千斤的风雨桥大梁共有26根。

自愿参与义务搬运的群众中，有的放下自家受灾的稻田，有的置农活于不顾，每天一大早就自带干粮加入到搬运队伍中，不计个人得失，把搬运花桥构件保护国家财产视为他们一生中的荣耀和骄傲。当记者问他们："这种爱护国家文物的动力和精神，是从哪里来的？"他们回答："乡里面、县里面的领导那么辛苦到广西去找回来，我们出几天力算不了什么，何况这桥是我们的。"

简单的回答使大家深刻地理解了：只要代表着最广大人民群众的根本利益，就一定会获得人民群众的支持。

# 情系"国保"对洪愁
# 位卑未敢忘民忧

## ——黎平县文体广播电视局搜救"国保"先进事迹

"7·20"是个黑色的日子。

"7·20"是"国保"单位——地坪风雨桥被洪魔冲走的日子。

7月18日~20日,贵州省黎平县连降大到暴雨,日平均降雨量90.1毫米,地坪、肇兴等11个乡镇日降雨量为120毫米以上。地坪变成了洪涝重灾区。18日降雨量为38.6毫米,19日达到169.5毫米,20日引发山洪暴发,造成了百年不遇的洪涝灾害,20日12时30分,全国重点文物保护单位——地坪风雨桥被洪水无情地夺走。

地坪风雨桥是黎平县唯一一处"国保"单位。作为县级文物主管部门的黎平县文体广播电视局,一直以来都把文物保护作为每年工作的重点。就在"7·20"之前的6月份,黎平县文体广播电视局还拨出地坪风雨桥维护专款5000元,责成文物管理所对地坪风雨桥实施维护。

当7月17日气象部门发出天气紧急预报后,黎平县文体广播电视局局长龙盛瑜同志就要求分管文物工作的副局长石开明同志和文物管理所要密切注意全县文物安全情况,同时通过电话与全国重点文物保护单位所在——地坪乡党委、政府取得联系,要求当地党委、政府要加强对地坪风雨桥的安全防护。

7月18日~19日,连续两天的大面积降雨,地坪、龙额、水口等乡镇成为洪涝重灾区。局党组行政班子于19日下午3点召开了专题会议,对全县文物安全保护工作进行了分析,并作了安排部署。会上,成立了以局党组书记为组长,局长、分管文物的副局长

为副组长，办公室、广电站、文管所负责人为成员的"黎平县文体广播电视局文物安全保护领导小组"，并专门抽调一辆办公用车。会议明确领导小组24小时密切注意全县文物安全情况，特别要求分管副局长石开明同志和文物管理所随时注意全国重点文物保护单位——地坪风雨桥的安全情况，同时要求副局长石开明同志于7月20日上午率队赴地坪组织人员对风雨桥进行保护。由于持续的大面积降暴雨，通往地坪的公路被洪水冲毁，而从黎平到地坪有近120公里的路程，考虑到人员的安全，20日没有前往地坪。但局长龙盛瑜明确指示，要石开明副局长与文物管理所加强与地坪当地党委政府的联系，一旦洪涝威胁到地坪风雨桥的安全，就立即启动抗洪护桥紧急预案。

19日，暴雨还在持续，降雨量已达到169.5毫米。鉴于此，黎平县文体广播电视局文物保护领导小组于19日18时电话通知地坪乡党委、政府，要求立即启动保护风雨桥紧急预案。

19日晚，地坪乡党委、政府启动了护桥安全紧急预案。由于天已黑，考虑到人员安全，他们决定20日早对风雨桥进行加固，且组织了护桥队对风雨桥进行24小时巡查，连夜监视洪水态势及风雨桥安全情况。

20日7时，局安全领导小组通过电话了解到当地党委、政府已经按要求启动了护桥紧急预案，并已对桥体实施加固后，大家的心才稍安稳一些。可是，20日10时左右，洪涝使地坪乡完全中断了与外界的一切通讯方式，安全领导小组与他们失去了联系，而且，雨势还在继续加大，领导小组所有成员的心又提了起来。望着倾盆而下的大雨，面对中断了通讯和交通的现实，大家眉头紧锁，都在焦急地等待地坪方面的消息。时间一分一秒地过去，大家一言不发，都在办公室守候着，眼睛盯着办公桌上的电话，中午，谁也没想到要回家吃饭。

直至13时34分，办公桌上的电话机骤然响起，大家都围着电

## 心系地坪风雨桥

话。电话是地坪乡乡长甘仕杰同志步行到广西境内通讯信号通畅的地方专门打来的，报告了地坪风雨桥已被洪水冲毁的消息。

这一不幸的消息，炸得领导小组每一个成员都喘不过气来。当即，领导小组一面向县委、县政府上报消息，一面打电话向州主管部门报告了此事，同时，指示地坪乡党委、政府要按照紧急预案的要求，全力做好桥体的打捞搜救工作。由于地坪乡所处的环境是一条狭长的河谷，水势无比凶猛，桥体很难及时打捞上岸，大部分桥体被洪水冲到河面宽广、水势平缓的都柳江上，被当地群众打捞上来。

20日中午，黎平县文体广播电视局召开了局党组、局长办公室紧急联合会议，会议形成了两个重要决议：一是责成分管副局长于20日下午率局办公室、文管所、广电站工作人员克服一切困难，奔赴地坪指导当地群众进一步打捞搜救桥体构件，收集、整理风雨桥被洪水冲毁的资料，为恢复风雨桥做准备工作；第二，局长龙盛瑜同志于22日赶赴州文化局，当面向领导汇报风雨桥被洪水冲毁的相关具体情况，同时，责成县文管所对风雨桥损失情况进行评估，并及时向县委、县政府书面汇报，为县委、县政府做出正确决策提供依据。

21日，克服山体滑坡所造成的交通不便等重重困难，连夜赶到地坪的工作组分出2人，与地坪乡干部职工跋山涉水，沿河搜寻风雨桥构件。他们在都柳江沿河两岸的村寨挨家挨户搜寻、登记，并对有关群众大力宣传文物法，为下一步的清收工作做了有益的思想工作。同时，留在地坪的工作组成员一方面向群众了解风雨桥被洪水冲毁的具体情况，为准确、全面地向上级反映情况做好工作，另一方面鼓励群众全力配合政府等有关部门，发扬优良传统，为清收风雨桥构件工作做好群众的思想动员工作。

22日，赶赴州文化局汇报工作的龙盛瑜局长得到地坪风雨桥大部分构件被都柳江两岸的群众打捞上岸，并有个别商人要高价收购

花桥大梁的消息后，立即打电话向县委书记杨胜勇同志作了汇报，并根据杨书记的指示，要求工作组做好打捞桥体群众和木材商的思想工作，严禁变卖、购买、锯断、私藏国家文物。

7月24日，在县委召开专题常委会后，黎平县文体广播电视局党组书记易同军同志根据工作安排，先后两次率队进驻广西富禄、洋溪等地，开展风雨桥构件的搜救工作。工作组中有3名成员是县文体广播电视局部门负责人，他们丢下部门工作，与其他工作组成员一起，在沿河两岸风餐露宿，一边与打捞到构件的群众协商，一边向他们宣传文物保护的有关法律、法规，为搜集风雨桥构件忘我的工作。

从7月17日气象部门发出气象预告，到地坪风雨桥被洪水冲毁，直至搜集风雨桥构件，作为县级文物主管部门，黎平县文体广播电视局全局上下，特别是领导班子，都给予了高度的重视，并在抢救、搜救中发挥了一个职能主管部门的积极作用。情系"国保"对洪愁，位卑未敢忘民忧。黎平县文体广播电视局真正把"三个代表"重要思想贯彻于工作之中，真正做到了"情为民所系，利为民所谋"，充分实践了全心全意为人民服务的历史使命。

心系地坪风雨桥

# 洪水无情人有情
# 众志成城救"国保"

**中共地坪乡委员会　地坪乡人民政府**

　　地坪风雨桥，本地又称为地坪花桥，位于地坪乡政府所在地（地坪上寨村），横跨于南江河上，桥身全长57.61米，桥宽5.2米，桥高7米，距正常河道水位10.75米，始建于光绪八年即1882年，距今有122年的历史。1982年，地坪风雨桥被贵州省人民政府公布为省级文物保护单位，2001年6月被国务院公布为全国重点文物保护单位。地坪风雨桥是侗族历史上修建最早的风雨桥，是侗族人民文化、生活和建筑艺术的结晶，堪称是侗族文化三大宝之一（侗族文化的三大宝指风雨桥、鼓楼和侗族大歌）。地坪风雨桥既是上万群众过往通行、休闲和节日欢庆的场所，也是侗族男女青年行歌坐月的地方，其桥中有楼、楼中设廊、廊内有画，画中记载着侗族人民的生活习俗及侗族民族英雄的典故，宛如侗族文化的一道历史长廊；其最精湛之处在于，整个桥的建筑不用一钉一铆，没有钢筋水泥，不需设计图纸，仅凭着几个侗族民间工匠巧妙分工，合成得精美绝伦，它是侗族建筑史上最杰出的代表。地坪风雨桥的建筑造型被国内外建筑界广泛模仿和参考并运用于现代建筑设计。它不仅是地坪人民的骄傲，也是侗族人民的骄傲；它不仅是侗族人民的精神财富，也是献给世界人民的财富。地坪风雨桥以其丰富的文化内涵和独特的建筑风格，享誉国内外，每年慕名来参观考察、旅游观赏的国内外游客达5000人以上（其中外宾3000人以上），地坪风雨桥已经成为地坪乡发展旅游产业的龙头和支柱品牌，是地坪乡经济发展和带动地坪人民脱贫致富的重要载体，同时也是地坪乡侗族

风情游不可缺少的重要景点。地坪风雨桥与地坪人民的文化生活和经济发展是密不可分的。

2004年7月20日,这是个让地坪人民十分沉重的日子!

从7月18日~20日上午,地坪乡境内以及南江河流域连降大到暴雨,总降雨量达280毫米,持续时间长、强度大,大量引发山洪暴发,南江河干流,龙额、高青河支流,水位涨势迅猛,涨至8~10米,超出历史洪水水位3米以上。

20日9时,南江河地坪风雨桥段超出历史洪水水位,乡党委、政府及时将险情向县委、县政府及县文化部门汇报,引起了县委、县政府及县文化部门的高度重视和关心,县委杨胜勇书记当时在州里开会,立即来电话指示:要千方百计采取措施保护风雨桥。县委常委、副县长张先明同志一边在电话中指挥抢险,一边立即组织并带领县直有关部门赶往地坪方向。由于全县均出现灾情,县城往地坪方向的公路多处塌方,车辆无法通行,张副县长和县武装部杨志雄政委及县民兵应急分队于21日10时开始步行近50公里才到达地坪,并亲自部署地坪抗洪救灾工作。

灾情发生后,乡党委、政府把抗洪抢险的主力集中投入到对地坪风雨桥的保护工作中,组织全乡干部及上、下寨村近300名青壮年用铁丝、钢绳将桥身进行捆绑、加固、牵引。时间一分一秒地过去,大雨越下越大,水位越涨越高。

11时左右,桥墩被洪水淹没,上游冲下来的房屋及树木拍打着桥体,形成极大的阻力;11时45分,洪水漫过地坪风雨桥桥面,整个桥身陷于洪水之中。此时,地坪的交通、电力、通信全部中断,地坪与外界失去联系。地坪风雨桥和地坪人民与洪水在作最后的抗争。

12时25分,河对面的管理用房全部被洪水吞没,桥的右侧石墩被洪水冲击塌陷,突然一声巨大的响声,地坪风雨桥右岸的桥体随着石墩的塌陷陷入洪流中,此时,只听见"嘣嘣……",所有铁丝、绳索骤断，风雨桥全部陷入洪水中，被无情的洪魔卷走。岸上一片肃静，几百双目光呆滞了，老人、青年、孩子的眼睛变得湿润而模糊。几位老人边流泪水边说："花桥走了，就像我们家里失去了老人一样令人伤心。"特别是亲眼目睹这一经过的法国女郎丹云小姐（广西大学研究中国侗族文化的留学生），近三年来，她每年都来看地坪风雨桥一次，这次她亲眼目睹风雨桥被洪水冲走，久久不愿离去。她和周围的人一样也流出了眼泪，有人问她时，她说："太可惜，这么一座美丽的桥被大水冲走了，太可惜！"她一直等到7月24日才离开地坪。

12时30分，地坪风雨桥被无情的洪水夺走，一部分被铁丝、钢绳固定的构件还在洪水中漂泊，乡派出所干警杨再华同志一边高喊："快！快把靠岸的柱子拉上岸"，一边不顾一切跳入激流的洪水中，此时立即有上百名干部、群众纷纷跳入洪流中展开打捞，打捞工作一直持续到傍晚，人们疲惫不堪，但仍久久不愿离去。因洪水迅猛，大部分构件被洪水迅速卷往下游，全部进入广西都柳江境内。南江河是都柳江支流，洪水进入都柳江后，由于水面宽阔，洪水缓和，加上有大型的机电船，因此花桥的构件基本在广西"富禄—洋溪"这段水域被广西群众打捞。

乡党委、政府立即紧急部署地坪风雨桥构件的打捞及搜寻工作，于7月21日7时，由乡长带队，率领乡领导班子成员、派出所工作人员、综合治理办公室成员等一行8人沿南江河搜寻到都柳江，当时所有道路都被洪水淹没，一路跋山涉水，步行近五十公里到广西富禄高安、洋溪勇伟、波里等都柳江沿河两岸的村寨，挨家挨户地搜寻、登记，并与广西三江县洋溪乡政府、派出所及富禄乡政府、派出所取得联系，在他们的积极配合和支持下，耐心做打捞到花桥构件的群众的思想工作，要求群众认真保管文物，不准丢失、变卖、锯断、加工和转移，有关打捞及保管费用待回去汇报后协商解决。搜寻工作整整持续了两天两夜，走访了近280户群众，

共搜寻到花桥大梁26根（总共28根，其中2根在现场打捞到），花桥大梁构件全部完成搜寻和登记，并立即向县委、县政府汇报。县委、县政府高度重视，为防止花桥构件的流失，7月24日，县委召开专题常委会，明确县委常委、县委办公室主任罗远光同志和县文体广播电视局党组书记易同军等同志携款亲赴地坪组织花桥构件的第二次搜救工作，并临时成立地坪风雨桥构件收集领导小组，由罗远光主任任组长、易同军同志和乡党委书记张勇贤同志任副组长，乡里部分班子成员及有关部门组成近20人的工作组，于7月25日进驻广西三江县富禄乡高安村、洋溪乡勇伟村、波里等地展开花桥构件的收集工作。打捞到花桥构件的都是广西群众，个别群众的思想工作很难做通，错综复杂的群众问题，使搜救工作一度陷于困境。工作组在沿河两岸风餐露宿，一边与打捞到构件的群众协商，一边向其宣传国家文物保护的有关法律法规，并得到广西当地政府的大力支持，艰苦的收集工作持续了五天五夜，把所有花桥的大件（大梁）全部收集齐全。由于公路交通尚未恢复，上、下寨村的几百名群众自愿义务投入"十里长河"，从水路用绳子牵、人推肩拉的办法，像蚂蚁搬家一样，将30余根每根几千斤重的花桥构件用了两天时间全部搬到地坪风雨桥原址并运上岸、归堆、保存，共收集到构件木料54立方米，111件，其中大梁构件28件，其他部分构件83件，占花桥构件的73%，为风雨桥的恢复工作打下良好的基础。

这次各级领导干部和地坪广大人民群众数百人齐心协力，跨越两省，行程百里搜救国家文物的行动，是各级党委、政府在非常时期实践"三个代表"重要思想，增强党的凝聚力的充分体现。在抢救地坪风雨桥的过程中涌现出一批不顾个人安危、奋力维护国家和人民利益的英雄人物，他们用可歌可泣的感人事迹谱写了一曲抢救侗乡风雨桥、保护国家文物的壮丽凯歌。

# 不眠的 72 小时

## ——中共黎平县委书记杨胜勇在抢救地坪风雨桥的战斗中

2004年7月18日～20日,贵州省黎平县境内普降大到暴雨,部分乡镇遭受了百年不遇的特大水灾,位于黎平县地坪乡南江河上的全国重点文物保护单位——地坪风雨桥危在旦夕。7月20日10时,接到灾情汇报的中共黎平县县委书记杨胜勇同志刚回到贵阳。在得知地坪风雨桥危在旦夕的消息后,杨胜勇同志立即赶往黎平县。当路过凯里市时,他只给爱人打了个电话,就又匆忙赶路了。

从凯里市到黎平县城共有310公里,当时正下着大雨,行车非常艰难。当到达黔南州三都县境内时,由于山体滑坡,交通已经中断。通过联系,得知地坪风雨桥面临着随时被洪水冲走的可能后,杨胜勇同志忧心忡忡。眼看一时难以恢复通车,杨胜勇同志立即给县里打电话,要求动用武警、公安、民兵等力量,不惜一切代价保护地坪风雨桥!大雨还在哗哗地下,而杨胜勇同志的心早已飞到了地坪风雨桥抢险现场。他对县委办公室主任罗远光同志说:"罗主任,要想尽一切办法,今天无论如何都要赶到县城去!"说完,杨胜勇同志冒着生命危险,朝着随时都还会塌方的公路走去。当赶到黎平县城时,已是7月21日凌晨3点多钟了。

7月21日上午,杨胜勇同志通知有关部门负责人,召开紧急会议,专门研究部署如何抢救地坪风雨桥事宜。由于大水冲毁了通讯设备,21日上午已与地坪乡失去了联系。散会后,杨胜勇同志带领文体广播电视、旅游、建设、民政等单位负责同志,又马不停蹄地驱车赶往100公里外的地坪乡。此时,虽然大雨已停,但通往地坪风雨桥的公路已被大水冲得面目全非,路面坑洼不平。颠簸了7个多小时,7月21日17时到达距地坪风雨桥还有20多公里的龙额乡境内。前面一处山体滑坡堵在了公路中央,车辆无法通行。杨胜勇同志对随行的同志说:"来!大家一起把这堆烂泥土搬掉!"说着,杨胜勇同志踩进膝盖深的烂泥中,双手推出了一块大石头,随行的同志也纷纷动手,挖的挖,抬的抬,半个多小时后硬是把十多吨的泥土搬到了公路边上,车辆又前进了(据统计,7月21日这天中,杨胜勇同志一行共挖通了4处山体滑坡)。当到达龙额乡驻地,得知地坪风雨桥已被大水冲走的消息时,杨胜勇同志心情十分沉重,久久说不出一句话来。

7月22日,杨胜勇同志回到县城后,立即召集县四家班子领导和文体广播电视、建设、旅游、民政等单位负责同志,召开紧急会议,专题研究部署抢救地坪风雨桥构件事宜。会上,杨胜勇同志强调:"要不惜一切代价,将全国重点文物保护单位——地坪风雨桥所有构件,包括残枝断片,全部搜救回来!"会上做出了三项决议:一是各级各部门要站在"三个代表"重要思想的高度,把抢救全国重点文物保护单位——地坪风雨桥构件的工作作为一项重大政治任务来抓;二是在县财政非常困难的情况下,安排12万元作为风雨桥构件征收的专项经费;三是明确县委办主任罗远光同志和县文体广播电视局党组书记易同军同志,带领搜救工作组奔赴广西三江县都柳江沿岸开展搜救清收工作。

所有搜救工作都安排稳妥后,已是7月23日10时,距杨胜勇同志接到地坪风雨桥危在旦夕的消息正好是72小时。

在杨胜勇同志的直接关心指导下,至7月底,地坪风雨桥73%以上的构件都被收救回来,使地坪风雨桥的损失减小到最低限度。我们相信,在中央、省、州有关部门和社会各界的共同关心下,不久的将来,雄伟壮丽的全国重点文物保护单位——地坪风雨桥将重现在世人面前。

# 身先士卒　　指挥若定

## ——奋战在抢险第一线的黎平县副县长张先明

张先明，男，中共黎平县委常委、黎平县人民政府副县长，一名普通的共产党员。在百年不遇的特大洪水面前，当国家和人民财产受到损失时，他不顾个人安危，挺身而出，始终奋战在抗洪抢险第一线，赢得了广大干部群众的称赞。

2004年7月18日～20日，对黎平县人民来说，是十分沉重的日子，百年不遇的洪水，使这片美丽的侗乡土地蒙受了巨大的灾难。由于受到高空槽和低涡系统的共同影响，黎平县连降大到暴雨，日平均降雨量90.1毫米，地坪、肇兴等11个乡镇日降雨量达到120毫米以上，全县25个乡镇不同程度遭受洪涝灾害。

驰名中外的地坪风雨桥是黎平县唯一的全国重点文物保护单位，是侗族人民智慧的结晶和宝贵的财富。20日上午，张先明同志在接到地坪乡政府风雨桥的告急电话后，深感势态的严峻，立即率领有关部门负责人赶赴地坪乡。由于猛烈的洪水已把公路冲毁，到肇兴乡时交通已完全中断。他心急如焚，率领众人冒着滂沱大雨，经过9个多小时的长途跋涉，终于在21日10时赶到地坪乡。但是，地坪风雨桥已被肆虐的洪水无情冲毁。

赶到地坪后，他立即组织地坪乡党委、政府召开会议，对地坪风雨桥的抢救和打捞工作提出了三点安排意见：一是由乡党委、政府立即组成搜寻工作组，沿南江河和都柳江开展搜救工作；二是由乡政府积极和广西三江县政府、沿河乡镇进行联系，寻求支持和帮助；三是由乡党委、政府将地坪风雨桥受灾被毁的详细情况及时向省、州汇报。会上，他要求地坪乡党委、政府一定要想方设法做好地坪风雨桥建筑构件的搜寻抢救工作，保护好国家和人民

的财产。

21日13时，张先明带领一支8人的搜寻队伍，沿着南江河开始了搜寻工作。当时所有的道路都已被洪水冲毁，他带领队员爬泥泞的山路，蹚水过河，到达广西境内。他一方面积极与广西三江县政府取得联系，请求当地政府协助、配合，一方面率工作队到广西高安、洋溪等沿河村寨寻访。在当地政府配合下，他们经过三天三夜寻访，步行了70余公里，走访了15个村寨，沿途搜寻至广西三江县城。有人开始不愿交出木料，他耐心地劝导，并进行文物保护法规的宣传教育，拿出自己的钱为广西打捞风雨桥构件的群众支付酬劳。在他和队员的不懈努力下，共搜寻到大梁构件26件，其他构件83件，占风雨桥总构件的73%。

24日，他从广西三江县绕道200多公里赶回县城，立即向县委、县政府汇报地坪风雨桥的受灾和抢救情况。县委、县政府高度重视，由县财政拨付6万元专项资金用于地坪风雨桥抢险工作，并立即成立地坪风雨桥建筑构件抢救小组，根据他们提供的线索，赶往广西进行构件的搜救工作。

在抗洪抢险中，张先明时时刻刻将国家和人民的利益放在第一位，面对洪水的考验，他自始至终站在最前面，毫不退缩，以一个共产党员优秀的品格，以自己的实际行动，带领、鼓舞了广大干部和群众，保护和抢救了国家和人民的财产。

# 情系"国保" 不辱使命

## ——罗远光抢救地坪风雨桥先进事迹

2004年7月18日~20日,是侗乡黎平经受磨难和考验的日子,由于贵州东南部受高空槽和低涡系统的共同影响,黎平、从江和广西的三江县一带连日遭受特大暴雨的袭击,黎平全境平均降雨量为90.1毫米,日降雨量在100毫米以上的有地坪、水口、中潮、肇兴、雷洞、口江等10个乡镇,最大日降雨量达285毫米,全县25个乡镇不同程度遭受洪涝灾害。水情、灾情从四面八方报到县委机要局值班室,交通、通讯、农田、水利、电力、民房、牲畜和学校等遭受严重损失,灾情令人揪心。7月19日上午,县委立即召集县人大、县政府、县政协召开紧急会议,组织四个抢险救灾工作组分赴各灾情一线指挥抗洪抢险。县委书记杨胜勇同志和县委办公室主任罗远光从贵阳经凯里赶回黎平,途经三都、榕江,被洪灾围困达10小时,几经周折于21日凌晨3时才抵达黎平,当日7时带队赶赴受灾最严重的地坪乡、龙额乡、水口镇。一路满目疮痍,公路上塌下垮,一路泥泞前行,艰难之状难以形容。18时许,他们一行走至龙额乡枫木坳寨时,从老百姓的议论中确认地坪花桥已被洪水冲走。

地坪花桥又称为地坪风雨桥,坐落在黎平县城南108公里处的地坪乡。这座雄伟秀美的花桥始建于清光绪八年(1882年)七月,桥长57.61米,宽5.2米,飞架于南江河上,桥身距正常水位10.75米,桥身全用杉木凿孔穿榫构成,不用一钉一铆。1982年2月被省政府定为省级文物保护单位,2001年6月被国务院公布为全国重点文物保护单位。122年来,侗乡儿女始终用生命与亲情关心呵护着这座侗乡古建筑之精品,就像守护着自己的亲生孩子一样。

7月20日上午,地坪乡出省通县公路全部中断,有线电话中断,

自来水中断。11时40分左右,罗远光和杨胜勇同志在返回黎平途中,接到乡长甘仕杰抢救花桥的情况报告:"罗主任,现在洪水正危及花桥,桥体已开始颤动,大家正设法死守,如果水位再涨,情况万分……"手机信号中断了,此后7个小时,甘仕杰乡长步行到广西壮族自治区的高安村通过有线电话报告:7月20日12时30分,全国重点文物保护单位——地坪花桥被洪水冲走。

　　花桥被洪水冲走了,地坪乡的父老乡亲和当时在场的外国游客用哭声和眼泪送着她被卷入滚滚洪流,瞬间无影无踪。侗乡的山在哭泣,人也在哭泣!听到这个消息,罗远光顿时觉得天地之间空空荡荡,好不悲凉!

　　7月20日下午,县委机要局通过无线寻呼与罗远光联系:州党委州政府指示黎平县委和县政府,要不惜一切代价千方百计打捞花桥构件。罗远光及时把这个指示向杨书记作了汇报。当天下午6时30分,罗远光和杨书记从龙额乡枫木坳寨返回肇兴,21日中午赶回县城立即召集县四家班子开会,研究部署打捞花桥构件事宜。会议决定成立打捞工作小组:组长由罗远光担任,副组长由文体广播电视局党组书记易同军、地坪乡党委书记张永贤担任。会上,四家班子领导和相关部门分别就洪灾情况、现场情况、打捞工作、筹集打捞专款、车辆人员以及与广西相关县、乡对接等事宜进行了研究安排,还明令不完成任务不能打道回府。事情重大,时间紧迫,要说罗远光心里没有压力那是假的,筹款那天正是双休日,银行不对行政机关开展业务,筹款也费了一番周折。筹得款后,罗远光丝毫不敢怠慢,马上率队于当天赶赴地坪花桥所在地——地坪乡政府,因通往地坪乡的道路被毁,工作组只得绕道湖南和广西多走200多公里,乘车、乘船、走路20多个小时,工作组赶到地坪乡时已是24日7点多钟。此时,地坪乡乡领导及干部全在灾情一线,集中乡长、书记开会至少需4个小时。情况紧急,罗远光派人分头将地坪乡领导一个个地找回来。11时30分,工作组召开第一次会议，罗远光布置了打捞工作具体实施方案。

事不宜迟，25日一大早，罗远光立即率工作组20人向河下游出发。每人一顶草帽、一条毛巾、一把手电筒、一双水胶鞋、一包"四环素"、一根拐杖，就像行军打仗，行李简单实用。他们顶着烈日，闻着灾后的泥土气息，一路疾行。中午到达广西三江县境，通过走访调查分析，最后选定两个地点作为临时办事机构安顿下来，随即与当地县、乡镇、村组的党、政等组织联络沟通工作。

花桥构件打捞工作涉及两县四乡镇六个村组，25日、26日两天，罗远光和两个副组长赶赴三江县委、县政府及相关乡镇党委、政府，说明来意，寻求当地党委和政府的支持，对方均表示全力配合工作组，为打捞工作提供方便，并逐乡镇召开会议研究进村入组入户开展工作。开始，工作比预想的要复杂得多，核心是收购价格。他们人生地不熟，开展工作较为困难。罗远光没有气馁，率队员耐心做群众的思想工作。通过近10天的艰苦工作，花桥28根大梁全部收齐，并于8月2日，全部运回地坪花桥原址存放保管。

近半个月的打捞搜救工作至今仍常浮现于罗远光的眼前：有欢乐，更多的是艰辛；有成功，更多的是互相信任和团结协作；一路险象环生，江心沉船、河中搁浅、车陷泥流、流氓滋事；有难耐的寂寞，江边蚊子的叮咬，更有臭虫、跳蚤相伴；无电无灯数着满天的星星，还有中断通讯家人的牵挂。罗远光家人说他在地球上消失了15天，孩子生病在家，但他工作到最后才撤离。

半个多月的搜救工作，罗远光率队远赴广西，和队员们舍小家、顾大家，不讲条件、不计报酬。在党和人民需要的时候，罗远光以党和人民的事业和利益为重，率队战胜了艰难险阻，完成了党和人民交给的任务。

# 真情感动村民　汗水倾注花桥

## ——一个侗族基层文化干部的花桥情结

易同军，男，侗族，41岁，现任贵州省黎平县文体广播电视局党组书记。

2004年7月20日12时30分，一个让侗族人民刻骨铭心的时刻，全国重点文物保护单位地坪风雨桥被无情的洪水冲走，五百余位侗族村民含泪惜别风雨桥。消息传来，全县震惊。作为一名侗族基层文化干部，与全县侗族人民一样，焦虑震惊之情，无法言表，他就是易同军同志。

7月21日上午，县委书记杨胜勇组织召开地坪风雨桥构件收集抢救专题会议，安排布置抗洪抢险、抢救"国保"地坪花桥的工作。县委成立抢救回收地坪风雨桥构件工作组，任命易同军为常务副组长，随同县委领导奔赴灾区，组织抢救工作。当时地坪乡的情况相当严峻，交通、电力、通讯全部中断，灾区的具体情况无法知道。多年从事基层工作的他，深知情况紧急，责任重大，只有尽快赶赴灾区，深入一线，才能了解灾情，临机处置，采取切实有效的措施，开展抢救工作。16时，他与县委领导一道，乘车绕道湖南、广西，行程400余公里，步行45公里于当天赶到地坪。经过向地坪乡党委政府了解，得知地坪风雨桥的大部分构件已被洪水冲走，散落在广西三江县沿江的富禄、洋溪、良口、老堡等乡，被280余户村民冒险打捞收存，抢救回收任务十分艰巨。但是国家文物的重要性、侗乡人民的重托、强烈的责任感和使命感告诉他，必须千方百计完成地坪花桥构件的回收抢救任务。他顾不得旅途颠簸和劳累，立即展开抢救回收工作，一方面及时与广西三江地方党委、政府联系寻求支持，另一方面积极组织地坪乡党委、政府和村干部奔赴广西沿

## 心系地坪风雨桥

江地区开展抢救回收工作。他顶酷暑、冒风雨，带领乡村干部每天步行15公里，顾不上吃饭和休息，对沿岸冒险打捞花桥构件的广西侗族同胞，讲清国家文物的重要性和地坪花桥的意义，动之以情，晓之以理，磨干了嘴唇，磨起了脚泡，用辛勤的汗水和对"国保"花桥的深情打动了冒险打捞构件的村民，在适当补偿打捞费和保管费的情况下，终于把全国重点文物保护单位地坪风雨桥73%的构件收回，同时组织地坪群众沿十里长河把这批体积达54立方米的构件水运到地坪。

花桥构件回收抢运到地坪后，凝视成堆的构件，他又陷入了沉思。这批构件的回收凝聚了侗乡人民的心血，来之不易，如何保护好这批国家文物，不使它遭日晒雨淋而毁损的问题又摆在了面前。他及时与乡党委一道，组织群众采取切实有效的措施加以保护，亲手与侗族村民一起搭建了遮雨棚，垫高了构件，做到通风、透气、遮雨，确保了构件的安全。他及时组织召开当地村干部、寨老和群众动员大会，明确了保护职责和保护措施，有效保护了这批构件的安全。

在全国重点文物保护单位地坪风雨桥的抢救回收过程中，他的足迹踏遍黎平和广西交界沿江的侗乡山寨，与侗乡村民广交朋友，回收遗落的构件，一入村就是20多天，把汗水和深情倾注于花桥，倾注于侗乡山寨，倾注于全国重点文物保护单位——地坪风雨桥的早日修复与重建……

# 恪尽职守　全力抢险救"国保"

## ——一个文物工作者在地坪风雨桥遭受洪水冲毁的前前后后

谢俊泉，黎平县文体广播电视局文物管理所所长。

2004年7月18日～20日，黎平县连降大到暴雨，全县境内遭受严重的洪涝灾害。地坪乡7月19日～20日降雨量达120毫米，加之上游洪水湍急，全国重点文物保护单位——地坪风雨桥被冲毁。

7月20日10时36分，谢俊泉正在黎平会议旧址检查漏雨情况，突然接到县政府办公室电话，称地坪风雨桥遭到洪水威胁。谢俊泉接听完电话，立即与地坪乡党委副书记粟才勇同志通电话，得知洪水距桥梁只有两米多了。谢俊泉立即要求乡里务必做好风雨桥的保护工作，赶快向当地的驾驶员借钢缆，并购买街上的所有铁丝做成铁索，对风雨桥进行全面加固，并请他们注意安全，有新情况随时告之。

10时48分，谢俊泉向主管局长龙盛瑜汇报灾情，因龙盛瑜出差在贵阳，他要求立即向石开明副局长汇报，并全力抓好全县文保单位的抗洪工作。石开明副局长接到电话后立即赶到黎平会议旧址，布置抗洪对策。10时50分，谢俊泉又拨打粟才勇电话询问情况，粟才勇说："大水已涨到桥梁下面了，洪水还在继续上涨。"谢俊泉一听，非常着急，估计风雨桥有危险，便毫不犹豫地对粟才勇说："请你们务必找摄像或摄影人员把洪水对风雨桥影响的情况一一记录。"12时08分，谢俊泉又拨打粟才勇的电话，接电话的是甘仕杰乡长，他说粟才勇去风雨桥现场了。谢俊泉问："现在洪水情况如何？"甘仕杰说："洪水已淹过桥面，桥有些晃动。"谢俊泉说："要尽一切努力抢救风雨桥，用钢缆和铁丝将桥大梁绑

## 心系地坪风雨桥

住,你们一定要请当地照相馆的摄影师把风雨桥遭受洪灾的前前后后拍下来,作为重要资料保存;大水一退就马上派人把底片交给文管所,并随时保持通讯联络。"12时20分,谢俊泉再打电话时,通讯已中断,后闻当时洪灾使地坪交通、通讯、电路等全部中断。在失去联系后,谢俊泉心急如焚,不知风雨桥安危如何,整夜不能眠。

21日,心急如焚的谢俊泉又接二连三地向地坪乡拨打电话,欲了解洪灾及风雨桥情况,但无法接通。16时20分,地坪乡乡长甘仕杰从广西洋溪给谢俊泉打来电话,说风雨桥于20日12时30分左右被洪水冲毁,现在人们正在沿河进行打捞。当听到地坪风雨桥被洪水冲毁的消息时,谢俊泉掉下了伤心的泪水,心情久久不能平静。22日,谢俊泉与石开明副局长等赶赴地坪进行抢险救灾,半路上被县政府叫回,连夜与各部门的同志做风雨桥恢复的预算方案和整理灾情汇报材料。7月24日,在县委杨胜勇书记的带领下,分别向州、省政府及主管部门汇报灾情。从省、州回来后,根据主管局的安排,又与局党组易同军书记、文管所副所长薛雪、文工团徐业礼组成的清收小组,顶着烈日,到地坪、广西进行收集冲走的风雨桥部构件的工作,经过县、乡政府组织的收集,加上清收小组的再次清收,将28根风雨桥大梁全部收齐,加上其他构件总数达73%,风雨桥的主要构件材料得以收回,为风雨桥的恢复提供了依据。

在这次洪灾中,由于连续大雨和道路不通,谢俊泉虽然不能战斗在抗洪抢险第一线,但能在大水上涨时建议乡政府拍下风雨桥被洪水冲毁前后的场景,使之成为珍贵的历史资料,并让收回的风雨桥构件得到有效保护。洪灾后,谢俊泉满怀激情地积极参加灾后调查、汇报、原构件的清收和恢复考察等一系列工作,为地坪风雨桥的恢复做出了一定的贡献。

谢俊泉在这次洪灾中能坚守工作岗位,用高度的责任感,完成了一个文物工作者应该履行的职责。

# 抢救"国保" 责无旁贷

## ——张勇贤抢救地坪风雨桥先进事迹

2004年7月20日7时,持续一天一夜的大雨仍在不停地下着,南江河水位迅速上涨,使横跨在南江河上的全国重点文物保护单位——地坪风雨桥7米裸露桥墩被淹没三分之一。

8时整,原本4~5米宽的南江河面,拓宽了近十倍,7米的桥墩全部浸在浑浊的河水中,河水就像横空出世的蛟龙,翻江倒海般下泄。湍急的河水无情地冲刷着两岸河堤,弥散在河中的漂流物无情地撞击着联系桥身与桥墩的木质垫层。河水的咆哮声、漂流物的撞击声使人胆战心惊。地坪乡党委书记张勇贤一边向县委、县政府汇报险情,一边布置保护风雨桥。

8时05分,张勇贤组织召开了简短的抗洪抢险紧急动员会,安排全乡的抗洪救灾人员和风雨桥的抗洪抢险工作,随即投身到绑扎钢筋、加固桥身、牵引绳索、打捞漂流物等风雨桥抢险行动中。

时过中午,张勇贤全身被雨水汗水打透,浑身冒着热气,视线一片模糊。大家用尽了钢钉、爪钩、缆绳,但没有感动天地。雨还在下着,肆虐的洪水涨平桥面,左侧桥墩塌陷使桥身倾斜扭曲,失去垫层支撑的桥体靠右侧桥墩支撑和右岸的纤绳斜拉,酷似一座护城的吊桥。随着一声巨响,二十余股钢绳、麻索一齐断开,桥楼倾覆,散落的构件随着激流向下游漂去。这一刻,嘶哑的喊声停止了,双腿僵硬了,思想凝固了……见证着侗乡变化,南江河上的守护神、陪伴他们一同走过120多年风雨历程的风雨桥,在人们视线中一下子隐去了。

等人们拖着疲惫的身体把一根长22米、胸径1米的大梁和8根长8米的短梁以及38件其他构件打捞上岸时已经是14时。在简单的餐桌上，大家没见着张勇贤，都不愿意去打扰他的休息。其实他们后来才知道，张勇贤来不及吃中午饭便带上财政、水利部门的两名同志冒着倾盆大雨，脚踏泥泞的山路，绕过10多道山梁，徒步走了5个多小时来到南江河下游的全乡重灾区——井郎自然寨察看灾情，安抚慰问灾民，寻访花桥构件的下落。与此同时，在下游广西境内，在断水、断电、断路、断通讯的"四断"环境里，在长达20公里的都柳江畔，在汹涌澎湃的都柳江上，黎平县广大干部群众对散落的花桥构件展开了惊心动魄的生死大营救。他们当中有的受伤了，打捞的船只有的沉没了，但是承载着侗乡发展历史、凝聚着侗族人民情感与智慧的花桥主体构件全部得救了。他们是来自广西富禄、洋溪两个乡高安、波里、勇伟三个村的280多户1200多位村民。为记录他们的义举，讴歌当代这可歌可泣的感人事迹，表达对他们的崇高敬意，从7月25日起，张勇贤带领的花桥构件清收工作小组深入到洋溪乡波里、勇伟等村，在当地党政的协同配合下组织召开了10余次村组干部会和群众座谈会，走访群众50余户200多人，发出慰问信、感谢信76封，并对参与打捞的群众从住址到打捞构件的名称都做了详细的记录，为记载花桥历史、充实花桥档案资料做了能够做到的所有工作。

7月31日，第一阶段搜救工作基本结束，通讯已暂时恢复，张勇贤接到的第一个电话是县委县政府深切的关怀和亲切慰问。他拨出第一个电话，听到的是妻子哽咽的声音和孩子因肾炎在病床上的呻吟，收到的通知是住房拆迁的最后期限。可他是一个地方官，守土有责，在他的责任区里不能丢失了阵地，恢复和重建家园他责无旁贷。他拖着消瘦了10多斤体重而显得格外单薄的身体，拖着得肺炎的身体，手腕挂着打点滴的瓶子，又开始了第二天的工作。

# 抢救国家文物　责任重于泰山

## ——甘仕杰抢救地坪风雨桥先进事迹

甘仕杰在地坪乡政府工作已经13年了，十余年来，他与地坪风雨桥朝夕相伴，结下了不解之缘。他和地坪人民一样深深地热爱和呵护着这座美丽的侗乡第一桥。2001年6月，地坪风雨桥被国务院公布为全国重点文物保护单位。这一特大喜讯，让地坪人民再次为之感到无比骄傲和自豪，因为她是黎平县境内目前唯一的全国重点文物保护单位。她的升级不仅进一步提高了其保护价值和知名度，同时也给地坪乡经济发展和地坪人民带来更大的利益和实惠，每年慕名来参观考察、旅游观光的国内外游客在5000人以上，其中外宾达3000人。她不仅是地坪侗族人民的文化精神财富，同时也成为带动全乡旅游产业和经济发展的重要载体。保护好地坪风雨桥，就是保护好国家财产和维护人民群众的根本利益，这是地坪每一个党员干部光荣而神圣的职责，甘仕杰作为一乡之长，更肩负着这一重大使命。

7月20日，地坪乡遭受百年不遇的特大洪涝灾害，夺去了地坪风雨桥122年的生命，让世人惋惜，让地坪人民痛心，引起社会各界的关注，得到各级领导的关心。"7·20"，这个让甘仕杰刻骨铭心的日子，是他在地坪工作以来最为难受和心痛的一天。上午，县委书记杨胜勇"要千方百计抢救风雨桥"的嘱托一直在他的脑海里回荡，领导的指示既是关心，又是命令，更是动力，他深感责任重大。尽管一天的抗洪抢险工作已经使他十分疲惫，但晚上他却寝食难安，一边想着如何安排好全乡灾民生活和救灾工作，一边想着如何把花桥的构件搜寻回来，最大限度减小损失。7月21日，天刚蒙蒙亮，甘仕杰和张勇贤进行了简单的分工，7时30分，甘仕杰带着乡里8位同志,开始了艰难的花桥构件搜寻工作。

前一天的洪水还没有完全回落,公路仍有部分被洪水淹没,沿河的道路不是上崩就是下塌,一路上甘仕杰真正体验了什么是披荆斩棘、跋山涉水。他的眼睛一边要小心脚下的路,一边要注意观察河两岸是否有被打捞上来的花桥构件,路上每遇到一个行人就打听消息,每遇上一户人家就入户询问,一路搜寻近两个小时后,地坪乡境内仅搜寻到4根构件,而大部分构件,特别是桥的28根主跨大梁,除一根在现场抢救中被打捞到外,其余27根大梁仍下落未明,当时甘仕杰理智地判定大梁已全部流入都柳江,进入广西地界。他带着队伍火速赶往高安。

9时30分,搜寻工作组进入广西三江县富禄乡高安村河口,在高安河口看到一些花桥碎片和部分构件,有的还被农户用绳索固定漂在水中,此时,同志们疲倦的脸上露出了希望的微笑。因为是在广西辖区,甘仕杰充分地估计了搜救行动可能遇到的一些困难和问题,在没有入户前,他及时组织搜寻人员在高安大桥召开了临时碰头会,并明确提出这次搜救工作的几条意见:(一)先锁定大梁和大的构件,然后分头入户调查登记,集中解决问题,这样才能节省时间,防止打捞户得到消息后逃避;(二)入户后要说明来意,讲明身份,用诚恳的语气跟打捞的农户亲近,取得配合和支持;(三)向农户说明他们所打捞到的是国家文物,不准变卖、加工、锯断、转移,并要明确保管责任;(四)农户提出要钱的问题,一律不准乱开口子,既不能讲不给,也不能讲给多少,这次只负责搜寻登记和明确保管责任,费用问题,待回去汇报后在收集阶段协商解决;(五)必须第一时间与打捞户见面,防止一些黑木商进入,增加工作量;(六)沿河搜寻调查和登记完毕后,必须与广西当地政府和公安部门联系,争取得到他们的配合协助。碰头会不到20分钟就形成了统一的意见。10时整,在高安分头入户展开了工作。由于妥善的安排,高安的搜寻仅用两个小时,走访了70

多户，涉及花桥构件的有24户，48人，共搜寻登记到大梁构件11根，其他构件18件。在高安的搜寻过程中，大家及时反馈了遇到打捞户的几种情况：一是已有老板来问他们卖不卖；二是有的大梁是几个人共同打捞到的，他们准备锯断私分；三是构件大，他们必须锯短才能搬回家；四是必须在5天内来收集搬运，时间长了什么事都可能发生。大家认真总结高安成功搜寻工作经验，得出一个关键的结论：要争取时间。

13时，大家都已饥肠辘辘，因为他们出门时没有一个同志吃过早餐。这时候，甘仕杰给大家鼓劲：要坚持住！坚持住！决不能把时间浪费在吃饭上。大家边走边用带来的饼干和水充饥。为了争取时间，他们沿河打听后，租到了一艘船，有了船加速了搜寻的步伐。13时半，他们到达广西洋溪乡波里村，共搜寻到大梁4根，其他构件2件。当时有1根大梁已被拉进该村的木材加工厂，情况十分紧急，甘仕杰他们立即分头找到木材加工厂的老板，说明情况。开始这位老板半信半疑，不予理睬，认为他们是来抬价的。后来通过严肃地用国家文物的有关法律法规对其进行动员教育后，该老板才想通，并带甘仕杰他们去找到了卖主（打捞户），但卖主执意不肯退钱。他们当时不能因这个问题纠缠不清而耽误时间，因为下面还有部分构件没有搜寻到，于是果断地跟这两户做出回复：（一）按照法律法规"国家文物不能变卖"，打捞户必须退钱给买主。（二）及时与当地乡政府和派出所联系由他们来解决。（三）目前他们双方都有责任保管这根大梁，保管费用问题可以适当解决，如果这根大梁不能完好无损地退还国家，要追究双方的法律责任。交涉完毕后，甘仕杰他们迅速赶往下一站，下午2点半，到达洋溪乡勇伟村。在勇伟村他们共搜寻到大梁11根，其他构件2件。所有的大梁已经搜寻到位，甘仕杰这才缓了一口气。按照搜寻计划，下一步就是尽快与洋溪和富禄乡政府、派出所接洽，取得当地政府的支持和协助。

## 心系地坪风雨桥

21日15时左右，甘仕杰和他的队伍赶到洋溪。洋溪乡与地坪乡交界，平时因为工作经常来往，关系很密切，将情况说明后，得到洋溪乡政府的大力支持和协助。洋溪乡的人大主席石英雄同志亲自带领甘仕杰一行到勇伟村和波里村找到了村干部，并把所涉及的农户名单都做了交待，同时要求没有在名单之列、如还有打捞到花桥构件的农户，都要把木材保管好。离开洋溪，他们稍稍感觉轻松，但已是18时，他们下一站的目的地是富禄。从洋溪乘船到富禄逆行至少要4个小时，船主有些犹豫，一是由于逆行浪大水急，夜间行驶很不安全；二是天空中乌云聚积，不时电闪雷鸣。但是，及时联系上富禄乡政府做好高安的工作十分紧急，甘仕杰一行再三要求，并加了一定的租金，船主才勉强答应了，但他还是说，"像这种情况，一般我们是不出船的"。应该说这次行程是甘仕杰一行生命中一次最冒险的经历，当船行驶到距富禄约5公里处时，雷雨交加，江面刮起了阵阵狂风，江水拍打着船舷，大家的衣服都湿透了。在都柳江内，一艘仅10马力的机帆船，像一片树叶在河里漂荡，船不时地左右摆动，突然船身发生180度的急转弯，只听船主对船工惊叫："哎哟！哎哟！……"老练的舵手及时将船往靠岸避风的地方行驶，并找到一个避风处暂停下来，等待雨停。与船工闲谈中，甘仕杰才知道，刚才大风的时候船往左边倾斜，大家一齐往左边坐，使船失去了平衡。船工说："你们从没有坐过船吧？差点就把你们几条命丢了。"当时大家却没有任何感觉到危险的害怕表情，只是一笑了之。雨停后，船继续前行，到达富禄已是深夜23时了。

甘仕杰一行人个个全身湿透，到旅店投宿时，有好几个人开始咳嗽。22日，他们与富禄乡政府取得了联系，当时富禄的王乡长立即带他们找到了派出所，安排公安干警一起到高安村对所有打捞到花桥构件的群众再次做思想工作。在高安村干部的积极配合下，基本上稳定了打捞户的思想，他们负责暂时保管，在一个星期内等待

统一收集。

　　花桥构件的搜寻工作持续了两天一夜，整个搜救战线有50多公里，共走访了280户，搜寻登记到花桥构件54件，其中大梁26根，其他构件28件。搜寻任务完成后，甘仕杰一行人拖着疲惫的身子，在回乡的路上几乎迈不开步子。甘仕杰的脚底磨出了一个个血泡，撕裂的血泡在泥沙的挤压下疼痛难忍，连续两天的咳嗽也越来越剧烈，但一种强大的责任感驱使着他，他认为这是他应该做的工作。

　　这次搜寻的成功使整个花桥构件的抢救工作迈出了至关重要的一步。返乡后，甘仕杰他们及时向已到达地坪指挥抢险救灾的张先明副县长和姜彰文副主席做紧急汇报。两位领导把情况带回县里以后，县委县政府高度重视，专门部署花桥构件的收集工作，并于次日指派县委办公室罗远光主任及县文体广播电视局易同军书记等赴地坪展开花桥构件的第二次搜救工作。

　　看着找回来的一堆堆摆放整齐的花桥构件，地坪的老人绽开了笑容，孩子们欣喜若狂，甘仕杰的心里也得到了一丝安慰。

# 地坪风雨桥的最后一天

## ——粟才勇抢救地坪风雨桥先进事迹

7月18日~20日，南江河流域普降大暴雨，山洪暴发成为地坪乡近百年来遭遇的最大洪水。

20日7时，持续两天的大雨仍在不停地下着，南江河水在迅猛上涨，横跨在南江河上的全国重点文物保护单位——地坪风雨桥桥身距狂奔怒吼而下的洪水水面已不足3米。

8时，乡党委、政府召开紧急会议，安排全乡抗洪抢险工作。会议将全乡干部职工分为五组，分工完毕后，立即各自奔赴指定受灾点投身并组织抢险工作。粟才勇受组织安排具体负责地坪风雨桥的抢救工作。

灾情就是命令！

粟才勇随即组织130多名干部群众冒着大雨、冒着危险投身于抢救地坪风雨桥的工作中。

9时30分，雨越下越大，水位越涨越高，洪流越来越急。7米多高的风雨桥石墩几乎被洪水淹没。凶残的洪魔夹带着漂流物向风雨桥的石墩恶狠狠地冲来。烟雾中的风雨桥千钧一发、危如垒卵。眼前的事实告诉粟才勇，风雨桥的安全面临着极大的威胁。"怎么办？……我要冷静，我要沉着！"粟才勇在心里不断的提醒着自己，他一边及时向县委、县政府及文化部门汇报险情，一边组织干部群众抢救风雨桥。

抢险人员用尽了地坪街上所有的铁丝、钢绳、爪钩，把风雨桥通过铁丝、绳索与河两岸的大树捆绑、牵拉、固定起来。放眼望去，此时风雨桥已成了一座索拉桥。

雨大了，衣服湿了，眼睛模糊了……

此时此刻，大雨依然倾盆。雨中的花桥显得无比脆弱。

粟才勇手握一捆铁丝以百米冲刺的速度率先冲进了摇摇欲坠的花桥，当时粟才勇没有太多的想法，他只知道自己是一名共产党员、一位人民公仆、一个对民族瑰宝无比敬仰的普通男儿。顿时，呼啸的洪流显得如此沉静，秋千般的桥身显得那般沉稳，就连那坚硬的铁丝在他冰冷的手中也变得如此柔软。他快步奔到桥心，迅速地将铁丝扎牢在一根最粗的支柱上。

紧接着，一根，两根，三根……

紧张而又有序的抢险中，耳旁隐约间听到有人呼喊他的名字。

"我没事！快把铁丝放长些，快把铁丝放长些……再放长些……再放长些……"粟才勇回应着。

11时30分，大雨依然倾盆。河水仍在上涨，四面环水的地坪小学已成孤岛，只有这座危在旦夕的风雨桥与之相连。此时，南江河的水位已经超出历史最高水位3米以上，上游冲下来的房屋及木材连同洪水一起撞击着桥体。风雨桥似乎冷得厉害，她颤抖了起来……

忽然间，粟才勇感到牵引风雨桥的铁丝、钢绳绷紧了，索桥的绳索已经不堪重荷，被牵拉的大树也开始向风雨桥方向倾斜。当时粟才勇有一种不祥的预感——风雨桥危险了！

"快加粗铁丝……"粟才勇大声呼喊，但他沙哑的声音被咆哮的水声淹没了。

"铁丝没有了！"

"钢绳没有了！"

"通讯中断了！"

一个又一个噩耗传来，加之暴雨如注、洪流如雷，粟才勇几乎崩溃了。但他没有绝望，他深信，只要桥在，他们就有希望。

洪流的怒吼让人类的力量显得如此渺小和无助。12时25分，洪水涨过桥面，在洪水的巨大冲力和浮力的双重作用下整座桥开始摇

## 心系地坪风雨桥

摆起来,并且桥西开始向北倾斜,楼阁上的瓦片不停下坠。

"不好,铁丝断了!"在场的人们大声疾呼。话音未落,桥西牵引桥心主楼,主楼拉动桥东一起向北倾倒。仅在数分钟内,花桥伴着哗啦啦的雨声、大河的怒吼声、铁丝的崩断声、瓦片的坠落声以及楼梁的断裂声倾倒了,被湍急的洪流吞噬了。

粟才勇心也碎了。他不敢相信这是事实,恍然间如同深夜中的一场噩梦。岸上的人们一片肃静,有的摇头叹息,有的神情愕然,有的潸然泪下……

在人群中,值得注意的还有一位来自国外的朋友——丹云。她是来自法国的留学生。丹云见此含泪惋惜道:"No! What a pity!"(不要!这太可惜了!)

仅在刹那间,那么雄伟而又神秘的民族瑰宝就这样消失在一片汪洋之中。

"快打捞啊!快!……"粟才勇一边喊着一边跳进浑浊的洪水中,紧接着健壮的青年也纷纷跃入河中,为打捞风雨桥构件同洪水展开了一场惊心动魄的生死搏斗。大家一共打捞到一根22米长的大梁和8根8米长的短木梁以及38件其他构件。

雨渐停,水有回落的趋势。当粟才勇转身离去的时候,他已疲惫不堪,几乎迈不开脚步,幸亏一位好心的群众赶忙过来一把扶住了他。一天了,在抢救风雨桥的战斗中,大家经历了由希望到悲痛,他一直惦记着的引以为荣的地坪风雨桥被无情的洪魔带走了,但风雨桥的雄姿却依然屹立在粟才勇的心中。风雨桥啊!你何时才能回来,粟才勇在期盼!侗乡人民在期盼!

# 在令人痛惜的日子里

## ——杨再华抢救地坪风雨桥先进事迹

杨再华同志是一名公安干警,也是土生土长的地坪人。地坪风雨桥伴随他走过童年、少年、青年,杨再华为自己生在这座风雨桥之乡而感到无比的骄傲和自豪。

从7月18日开始,一连几天的大暴雨,山洪暴发,地坪风雨桥横跨的南江河水位迅猛上涨,形势非常严峻。20日8时,乡党委政府召开紧急工作会议,安排全乡的抗洪抢险工作,杨再华同志正是保护和抢救风雨桥的干部群众中的一员。他和其他同志冒着大雨,用尽了街上的所有大绳、大号铁丝,对花桥两头桥楼进行捆绑加固。工作从9时延续至12时。暴雨在倾盆地下着,雨点打在头上、脸上、身上,但杨再华同志浑然不觉,他的心里一直在向上苍祈祷:"求求您,一定要保住我们的花桥,它是我们的命根子,没有它,我们会崩溃的。"但上苍视而不见,雷在响,水在涨,险情在加剧。

12时30分,让人们无法接受的事实发生了。雨声、大河怒吼声、铁丝崩断声、瓦片坠落声、楼梁断裂声,在杨再华沉痛的思绪中久久回荡,风雨桥连墩一起全部被洪水冲走。一部分被铁丝、钢绳固定的构件还在洪水中漂泊,他一边高喊:"快!快把靠岸的柱子拉上岸!"一边不顾一切跳入激流的洪水中,此时立即有上百名干部群众纷纷跳入洪水中展开打捞行动。

杨再华向一根大梁游去,眼看就要抱住,突然一个浪打来,把他压在下面,嘴里、耳朵里都进了泥沙和洪水。当时他的头脑中只有一个念头:一定要把大梁救住。他在水中拼命挣扎,终于划出了水面,但这时大梁离他已经很远了,他不顾一切地向大梁游去。

## 心系地坪风雨桥

"我抱住了……我抱住了……"他用沙哑的声音高喊着。又有几个人向他游来,在洪水中,他们推的推、拉的拉,与洪水做着激烈的抗争,但木头也像在和大家作对似的,不肯跟大家走。等大家托着疲惫的身体把一根长22米、胸径1米的大梁和8根长8米的短梁以及38件其他构件打捞上岸时,已经是下午6时。由于洪水又急又猛,大部分构件迅速被洪水卷往下游,全部进入广西都柳江境内,被"富禄—洋溪"这段水域的群众打捞。

第二天7时,在乡长的率领下,杨再华又投入到搜寻工作中。当时,所有的道路都被洪水淹没,于是大家一路跋山涉水,走了50多公里到高安、波里等都柳江沿河两岸的村寨,挨家挨户地搜寻、登记、做群众的思想工作。承载着侗乡发展历史、凝聚着侗族人民感情和智慧的花桥构件大部分得救了,人们的脸上终于有了一点笑容。

当天晚上,按照乡长甘仕杰的安排,要杨再华及时返乡汇报搜寻工作的进展情况。他冒着大雨,从高安翻山越岭返回地坪继续做完当天的工作。当他到达地坪时,全身早已湿透,一双脚也都磨破了皮,血水和袜子粘在一起,直到这时,他才感觉到痛,但伤痛远不及他的心痛,他的心就像刀割一样。花桥就这样离他远去了,他无法接受这样的现实,但又不得不强迫自己面对这一现实。

在这些日子里,杨再华的眼前总是浮现出从小到大在花桥上生活的情景,他不能忘记、也无法忘记,当花桥离开大家的那一刻,那种痛是那么的刻骨铭心。但他深信:在党和国家的支持和帮助下,花桥的重建工作会很快完成,它仍然是世人关注的焦点,仍然会受到人民的宠爱!

# 亲历洪灾

## ——代仕英抢救地坪风雨桥先进事迹

2004年7月20日,对代仕英来说是一个非常沉重的日子。

俗话说:"天有不测风云,人有旦夕祸福。"这一天,地坪乡遭受了百年不遇的特大洪水,谁也没有想到,更不敢相信,这场洪水居然无情地把美丽的风雨桥冲走了……

这是一个令人十分悲痛的日子。大雨连续下了几天,7月20日这天雨越下越大,洪水不断地上涨。11时左右风雨桥桥墩被洪水淹没了,由于水位越来越高,整个桥身陷于洪水之中,在乡党委、政府的组织下,全乡干部及上、下寨村近300名青年用铁丝、钢绳将桥身进行捆绑、加固、牵引。上游冲下来的房屋及树木冲击着风雨桥桥身,河对面的管理用房也全部被洪水吞没,桥的左侧石墩被洪水冲击塌陷。突然一声巨响,地坪风雨桥左岸的桥体随着石墩的塌陷陷入洪流中,只听见"嘣嘣嘣……"所有的铁丝、绳索骤断,那座风雨桥做了最后的挣扎后,在人们眼前突然消失了。岸上一片肃静,几百双目光依依不舍而又无奈,青年、老人、孩子眼睛都湿润而模糊了,几位老人边流眼泪边说:"花桥走了,就像我们家里失去了老人一样伤心。"此时,代仕英的泪水也像洪水一样泛滥开来……

风雨桥向我们作别,洪水淹没了它美丽的容颜,昔日的雄姿已荡然无存,大家在惋惜与悲痛中挽留它残余的"身躯",群众不顾个人安危,纷纷跳入滚滚的洪流中打捞风雨桥的建筑材料。作为村党支部书记,保护国家文物,保护侗族文化责无旁贷,代仕英号召全体村民冒着大雨、冒着危险抢救风雨桥的残余木料。有的村民在洪流中沉了下去,又浮上来,代仕英用尽所有的力量与洪水作斗

## 心系地坪风雨桥

争,但在大自然的狂怒面前,人类的力量显得如此渺小,尽管大家竭尽全力地抢救,无情的洪水仍把木料都卷走了,只打捞出一根大梁和几件构件,大部分构件被洪流卷往下游,进入了广西都柳江境内。

得知乡政府在广西已收集到大部分花桥构件后,村民们放下地里所有的农活和自家水灾后的生产恢复,在代仕英的带领下,几十上百人顶着烈日与繁星,整整三天三夜,像蚂蚁搬家一样,把一根根重达数千斤的大梁和花桥构件,沿河十里,用绳拉、手推、肩扛把它们搬到花桥原址。乡亲们不计任何得失和报酬,有的手脚都起了血泡,有的肩膀磨破了皮,大家看着回家的花桥构件心里踏实了许多。

地坪风雨桥就这样远去了,它陪伴代仕英度过了五十多个春夏秋冬,在美丽的风雨桥上,曾经撒下代仕英童年许多美丽的回忆;它一直陪伴着代仕英长大,陪伴他度过了许多美好的岁月,然而,现在留给他的只有回忆了。

# 与洪水的较量

## ——粟文望抢救地坪风雨桥先进事迹

7月20日是个特殊的日子,它记载着人类与洪水的较量,记载着大家沉痛的哀思。

那天早晨,连续下了几天的雨突然大起来,河水开始上涨。这时粟文望听到寨子里的哨声在"呼、呼"地吹,有人在往天上打枪,这是寨子遇紧急情况时发出的信号,粟文望全家和乡亲们一起出来看,只听支书在喊着:"全部出去,去抢救花桥,快!快!"粟文望一家人立即加入花桥抢险的队伍,和其他人跟着乡干部用铁丝、钢绳将桥身捆绑、加固、牵引。可是,雨在不断地下,水在连续上涨,加上上游冲下来的树木对桥的冲击,中午时分,桥身在洪水的咆哮中剧烈摇晃,粟文望的心提到了嗓子眼儿。不仅因为花桥见证了他的成长,更因为它独特的建造艺术是地坪侗乡的骄傲。但是,不幸的事还是发生了。忽听"轰"的一声巨响,桥墩被冲走,桥身垮了下去,然后桥的所有构件被洪水卷走。粟文望一看傻了眼,他的儿子和老伴叫到:"还不快救木料!"他赶忙跑回家拿绳子。儿子带着绳子冲着一根大梁游去,一个巨浪打来,他的心不由往下一沉,儿子终于抓住了大梁,爬上去,用绳子把它死死捆住。粟文望与老伴、儿媳使劲把这根大梁向岸边拉,折腾了半天,一家老少总算把这根不听话的大梁制服。将近60岁的粟文望喘着粗气,已经没有力气了,雨还在不停地下,泪水和着雨水往下落,粟文望已感觉不到脸上流淌着的是激动还是悲伤的泪。因为他们能抢救的构件太少了,绝大部分构件在大家的眼皮底下被汹涌的河水卷走了。

在与洪水的生死较量中,粟文望深深地感受到:人的力量在自然灾害面前是那么的渺小,就像一只蚂蚁随时都会被自然吞噬,但

**心系地坪风雨桥**

只要有团结的精神,他们一定会战胜一切。在地坪风雨桥的保卫战中,大家为了这个侗乡艺术的瑰宝付出了沉重的代价和辛酸的泪水,但不管牺牲多少,大家确信:这是值得的!

# 在公与私之间的选择

## ——吴万祥抢救地坪风雨桥先进事迹

2004年7月20日，地坪乡发生特大洪灾，全国重点文物保护单位——地坪风雨桥被洪水冲毁。包括吴万祥在内的很多群众，几天来一直沉浸在惋惜和悲痛中，默默地抢救着埋在河沙下面眼看就要成熟的稻谷。7月30日，村里传开了一条这段时间以来让人稍感欣慰的消息：县乡工作组在广西三江的富禄、洋溪两个乡找回了风雨桥的全部挑梁和部分其他构件，这可是风雨桥70%以上的主体结构部件。这条消息让全村看到了修复风雨桥的希望。

当天晚上，村委召开村民大会，动员群众义务到广西高安村河口去搬运风雨桥构件。回到家后，吴万祥的情绪依然十分激动，他记得整个晚上他家里谈论的都是搬运风雨桥构件的话题。吴万祥对家里人说：为抢救我们的风雨桥，张副县长在当时还非常危险的情况下步行到我们地坪来，乡党委书记、乡长都亲自到广西去搜救那么多天，搬运风雨桥构件我一定要参加。尽管他妻子不太愿意，可也没有阻拦。他们全家都知道，他这一决定意味着他家被河沙淹埋的近一亩稻田将颗粒无收，这可是他全家40%的口粮。

第二天一早，吴万祥腰间挂着妻子早早起来为他煮熟的米饭，带上家里用来捆草的绳索，来到约定集中的地点，让他想不到的是，竟然有那么多群众自愿去搬运风雨桥构件。6时，一支约70人的长长队伍出发了。

没有想到洪水会把公路和河岸毁坏到这种程度，他们在行进的过程中体会到了县乡两级领导搜救工作的艰难，也就更增强了他们为抢救风雨桥出一份力的责任感。

10时左右，骄阳如火。他们来到高安河口，按照村支书的安排，

## 心系地坪风雨桥

第一天计划搬运五根挑梁，每根13人。当13个人站到长22米、胸径1米的"大家伙"前，才发现他们的力量是那样的渺小。他们集中力量将5根挑梁放下水，分组系好绳索，借助水的浮力，像拉纤一样顶着还没有完全退落的河水一步一步往上拉。当行至井郎村口的涌滩时，发生了困难，由于河弯水急，大梁被汹涌的河水冲得改变了方向，增大了河水的阻力，大梁横着往下漂流，纤绳将他们纷纷拉入水中，吴万祥拼命游过去抱住大梁的尾端，死命地往上扳，试图重新扶正正在横着往下漂的大梁，可是他的力量太有限了，因大梁挡住河水形成的巨大力量将他吸入水底，他索性潜到大梁的下侧，抱住大梁顺河漂了50米左右进入深水区，水流减慢，他们将大梁扶正后重新往上游拉。到12点，他们准备吃饭时，发现系在腰间的饭已被河水泡得发胀。

就这样他们坚持了6天，将36根大梁和其他构件全部接回风雨桥原址，并起岸归堆，而此时家里那被河沙淹盖的一亩稻田禾谷已经全部枯死。

# 艰难的搬运

## ——粟朝辉抢救地坪风雨桥先进事迹

2004年7月20日，那是一个悲痛的日子。粟朝辉永远不会忘记，其他地坪人也不会忘记。

南江河流域普降大暴雨，山洪暴发，河水猛涨，横跨于南江河上、与地坪人相守120多年的全国重点文物保护单位——地坪风雨桥被无情的洪水冲走了。

风雨桥被冲走后的当天，地坪人开始了一场惊心动魄的打捞工作，尽管他们用尽了所有的力量与洪水作斗争，但在大河的怒吼下，人类的力量显得如此渺小。他们经过几个小时奋力抢救，只打捞到花桥的少部分构件，大部分构件被无情的洪水卷往下游广西境内的都柳江一带。在花桥冲后的几天里，地坪乡党委乡政府迅速组织大批人员，对冲到下游的花桥构件进行了搜寻、登记、收集和搬运。在搬运的队伍中，粟朝辉就是其中的一员。

7月30日6时，粟朝辉背足了干粮，跟着搬运大队出发了。当他们徒步6公里多来到广西高安时，已是烈日当空。毒辣的太阳，使人无处可逃。当他们看到收集的花桥构件时，在场的人无不兴奋。有的人还没来得及吃点儿干粮，就投入到紧张的搬运工作中。经安排，粟朝辉和其他12位同志具体负责搬运、护送大梁回乡。

他们运送的大梁长22米，胸径30多厘米。由于大梁较重，无法抬起，所以他们选择了水运。当时河水依旧超过平常水位2米以上，浑浊的河水洗刷了岸边的一切。为了减少阻力，他们将大梁小头（直径10多厘米）向前。前面安排6人，中间3人，后面4人。

分工明确后，各就各位。粟朝辉蹚着水，背拉着系在大梁小头的绳子走在队伍最前面。火辣辣的太阳依旧那么炙热，晒在人的背

## 心系地坪风雨桥

上如同油浇。河道崎岖蜿蜒，越是弯度大的河道，水流越是凶猛，这无疑给大梁搬运工作带来极大困难。粟朝辉曾清楚地记得最危险的是在井郎村境内。当时，在两山挟持的河道中，弯度几乎有90多度。由于该处弯度较大，水流湍急，再加之石利如刀，脚无支点，致使他们在搬运时伤透了脑筋，耗尽了体力。好几次快冲过了弯道，但又好几次被冲了回来。当时粟朝辉的脚只是拼命地踩水，双手竭力推梁。但大梁在急流的冲击下，惯性更大，巨大的冲击力几次把粟朝辉压倒在水下，身体也随着洪流向下漂流。当粟朝辉浮出水面时，大梁已远离他十多米。经多次努力，他们终于度过了难关，那时已是17时40分，仅一个弯道就用去了两个多小时。

为了恢复体力，他们决定先在岸边吃点儿干粮，歇歇脚。当筋疲力尽的粟朝辉用冰冷的手打开干粮袋时，里面的糯米饭已是色如黄土，烂如稀泥，但他吃起来依然感到那般香甜。

十多分钟后他们又继续出发了……

## 采访报道

# 贵州民众自发抢救水毁国宝
# 文保事业呼唤民间力量

**新华社 荣 燕**

黔东南苗族侗族自治州黎平县地坪乡名不见经传,然而它所拥有的风雨桥却是历经了122年风雨的国宝。从今年7月被洪水冲毁以来,对风雨桥的抢救修复努力就一直没有中断,民间文物保护力量使得这座古桥有望重获新生。此间专家指出,中国文物保护一直倡导的民众意识,在这里找到了强烈的回响和希望。

### "风雨桥是我们的宝"

侗族文化以鼓楼、风雨桥(又称花桥)、侗族大歌为三大宝,其中风雨桥是侗族建筑艺术的杰出代表,其桥上有楼、楼中设廊、廊内有画。侗族没有文字,用画面记载侗族人的生活习俗及英雄典故。有侗家人生活的地方就有风雨桥,风雨桥不仅为行人遮风挡雨、提供交通便利,也是当地人休闲娱乐的主要社交场所。

中国现存各式侗族风雨桥500余座,而地坪风雨桥是侗族历史上建筑最早的风雨桥,始建于清光绪八年(1882年),2001年被国务院列为全国重点文物保护单位。该桥也是贵州境内规模最大的一座侗族风雨桥,全长57.61米,宽5.2米,廊上建有3座桥楼,不用一钉一铆,工艺精湛,是侗族民间巧匠的工艺结晶,被国内外建筑界广泛模仿和参考。

百年风雨桥历经沧桑,却被肆虐的洪水毁于一旦。7月中下旬,黎平县遭受特大暴雨袭击,致使南江河遭遇百年不遇的洪灾,横卧南江河上的地坪风雨桥被无情的洪水卷走。

## 心系地坪风雨桥

忆及桥梁冲毁时的情景，村民们仍然忍不住热泪盈眶，纷纷告诉记者："风雨桥是我们的宝啊，与我们侗族息息相关，失去风雨桥太痛心了！"

据当地村民回忆，桥梁倒塌的一瞬间，岸上一片肃静，一直在与风雨桥共同抗击洪水的四五百名当地群众陷入无奈与哀痛中，含着泪默默地悼念着风雨桥的离去。

### "这是文物，不能破坏"

风雨桥被洪水冲毁后，一部分构件还在洪水中漂泊。乡派出所干警杨再华一边高喊："快！快把靠岸的柱子拉上岸！"一边不顾一切跳入激流的洪水中，随即上百名干部群众也纷纷跳入洪流中展开打捞。

48岁的退伍军人粟朝辉是当时参与打捞的一员，回忆起当时的情景仍是激动万分："枪林弹雨都不怕，还怕洪水不成？能救多少算多少！"

因水势迅猛，大部分构件被洪水迅速往下游卷走，涌入广西都柳江流域，被广西群众打捞。从21日至30日，当地政府组成工作组沿南江河搜寻到都柳江，到沿河两岸的村寨挨家挨户搜寻、登记，走访了近280户群众，共搜寻到最主要的花桥构件——大梁26根，再加上现场打捞的2根，所有花桥大梁已全部找到。

为了劝说群众交出打捞的构件，工作组耐心进行文物保护法规的宣传教育："这是文物，不能破坏！"地坪乡上、下寨村村民甚至自掏腰包，集资为打捞构件的群众发酬劳。经过5天5夜的艰苦工作，终于将所有花桥构件收集完毕。

在公路交通尚未恢复的情况下，为及时将花桥构件运抵地坪，地坪乡几百名群众自愿义务投劳，将所有花桥构件从水路用绳子牵、人推、肩拉的方式，像纤夫一样，将30余根每根几千斤重的花桥构件，逆流而上，拉到地坪风雨桥原址并搬上岸，归堆保存。

从广西境内的都柳江沿岸到地坪，沿途四五十公里路，饿了，村民们就吃一口自带的干粮，困了，就沿河露宿或者投宿亲戚家，没有一分工钱，也没有一句怨言。

73岁的吴文凤一直是村民自发组织的管桥委员会中的一员。年复一年，管桥委员会的成员代代相传，义务负责防火、打扫卫生等工作。提及村里人自发搬运桥梁构件的行为，吴文凤告诉记者："我们真怕桥修不起来啊，就是自己带饭、拉纤，我们也要把桥梁木材给拉回来！"

### "由于抢救及时，风雨桥完全可以恢复原貌"

经过20多天的搜寻，共收集到风雨桥构件111件，占全部构件的73%，其中包括所有大梁构件28件，而这样长度的木材是现在极其稀有的。"由于抢救及时，风雨桥完全可以恢复原貌！"文物修复专家的论断给了侗族人民最大的慰藉。

目前风雨桥正处于专业设计修复阶段。贵州省文物局局长侯天佑在接受记者采访时表示，由于主要构件抢救及时、文物档案齐全、工艺技术满足修复要求等有利因素，该桥完全具备修复条件。

目前贵州、广西两省区的文物保护研究中心正在制订风雨桥的修复方案，预计在年底完成。此次修复工程主要依靠全国重点文物保护单位专项资金和地方筹款，待国家文物局批准后启动。国家文物局已经做出批示，将积极支持并督促地方有关部门尽快实施修复工程，并在经费、技术力量上为风雨桥的修复提供便利。

据悉，中国目前确认不可移动文物点近40余万处，全国重点文物保护单位1271处，中央财政每年拨出近3亿元专项补助经费用于文物保护工作。国家文物局有关负责人表示，除了国家的财政支持，中国的文物保护事业还需要有更多的像地坪乡村民抢救风雨桥这种民众自发的文物保护行为，使更多的人强化文物保护意识，形成一种自发保护文物的社会氛围。

心系地坪风雨桥

为了抢救珍贵的民族建筑文化，贵州黎平县地坪乡上百名干部群众曾经在风雨中奋战；如今，他们迫切希望重建地坪风雨桥。

# 重建地坪风雨桥

人民日报　徐　馨

## 侗家百年宝贝

石头铺就的小路延伸到一个木头建成的亭子。暗红色的亭廊下，是一块块断裂得只剩根部的桥木，朝着河对岸的方向。桥木下方此刻正舒缓流淌着的，就是南江河。站在已有些七零八落的亭子里望向对岸，看到了一个小房子的残垣断壁，还有两堆厚厚的木材。

这是记者11月底跟随国家文物局及贵州省当地文物局来到地坪乡所看到的一幕。这座已经消失了的桥，正是驰名中外的全国重点文物保护单位——地坪风雨桥。今年7月20日，当地历史上最大的一次山洪冲毁了这座有122年历史的风雨桥，只剩下昔日通向风雨桥的石头小路和桥头。河对岸被冲毁的小屋，是当地群众专为守桥人建造的"值班室"；那两堆木材，则是群众连续奋战5天5夜，从洪水中抢救收集而来的风雨桥原始构件。

侗族有三大民族民间文化特色：风雨桥（花桥）、鼓楼和大歌。其中，风雨桥是侗寨的标志性建筑，被誉为世界建筑艺术史上的奇葩。走入侗寨，几乎有水的地方就有风雨桥，桥身有短长，但都是楼檐叠加、彩绘纷呈，不仅为行人挡风雨，还是当地人议事娱乐的地方。

地坪风雨桥是众多风雨桥中工艺最为精美、侗族历史上建筑最早的一座。昔日的地坪风雨桥横跨南江河,将乡内三个寨子连为一体,全长57.61米,宽5.2米,距正常河道水位10.75米,始建于1882年,2001年6月被国务院公布为全国重点文物保护单位。这座风雨桥桥上有楼,楼中设廊,廊内有画,画中记载着侗家传说典故。整座桥的修建不用一钉一铆,不用任何图纸,完全是民间巧匠的智慧结晶。

## 洪水中的行动

今年7月18日~20日,地坪乡连降暴雨,引发了山洪,南江河水位迅速上涨,超出历史水位3米,达到了10米之高。

"当时这雨下个不停,我们都站在河边想着花桥千万要挺住。"当地吴文凤老人对记者说,"有的人已经开始拜佛,祈求不要让水冲垮了桥。"除了担忧和祈福,村民们迅速采取了保护风雨桥的行动。20日上午,地坪乡政府及时向上级汇报风雨桥状况,县领导也立即带领相关人员赶赴现场。

村民们四处找寻铁丝、钢绳,再用力把它们拧成一股绳,用来加固桥体。寨子里300多名青壮年主动请缨,有的跳上已经摇摇欲坠的桥楼,把绳子的一头系在桥体上,有的则爬上土坡或站在水边,把绳子的另一头牢牢地系在大树上。

3个小时过去了,水位持续上涨,河水上游不断有被冲毁的房屋、树干随着洪峰而下,直接撞在了风雨桥上,桥墩已经被水淹没。上午11时45分,整个桥体被水淹没,这时地坪乡的交通、电力、通讯全部中断。12时28分,风雨桥主楼倾斜;12时29分,桥面断裂;12时30分,随着轰然一声巨响,所有的绳索崩断,风雨桥霎时间从人们的视野中消失。

在那震天响的一声轰鸣落下后,整个村落一片寂静。人们惊呆了,眼睁睁地看着风雨桥被巨浪裹挟而去。在那一瞬间,世间的一切似乎都已停止。沉寂,迅速被村民们的抽泣声打破。

## 五天五夜搜寻

这时,乡派出所干警杨再华一声高呼把村民们激醒:"快!快把靠岸的柱子捞起来!"话音刚落,他就一个猛子扎进了此时依然涛声震天的洪水里。寨子里的许多汉子也纷纷跳入水中,在河的下游,许多村民也跳入水中,打捞其他构件。洪峰还没有退却,这时入水非常危险,但这并不能阻止人们。村民粟朝辉说:"风雨桥在我们侗寨是重宝!"粟朝辉是当时众多下水打捞构件的人之一,回忆起当时的情景,他的眼睛湿润了。

南江河继续裹挟着风雨桥的断壁残垣,顺流而下来到了广西境内。"广西人都知道地坪风雨桥,看到从上游漂下这么大的木材,多半想到了是风雨桥被冲。他们用电动船,自发地把看到的木材打捞了上来。"贵州省文物局局长侯天佑介绍。

次日早晨7点,一支8人队伍沿着南江河开始搜寻风雨桥的构件。当时所有的道路都已经被洪水冲毁,这8个人爬泥泞的山路,蹚水过河,步行50多公里,来到广西高安、富禄、洋溪等沿河村寨和乡寻访。两天两夜里,在当地政府配合下,这支小队敲开了280多户人家的大门,搜寻到花桥大梁26根,并做了详细的记录。7月24日,由县领导带队组织了20余人,开始了第二次搜救工作。有人开始不愿交出构件,小组成员开始劝导并对其进行文物保护法规的宣传教育,自己掏腰包为广西打捞构件的群众发酬劳。在河岸两边露宿五天五夜之后,终于将所有发现的构件收集齐全。

地坪乡的几百名群众自发跋涉山路几十公里来到广西,像纤夫一样,用粗绳索把这些构件一一拖回地坪乡。村民肖永深对记者说,一根柱子要26个到28个人来拖才行,我们走回地坪乡已经晚上7点多了,第二天早上再去。30多根每根几千斤重的构件终于被运回了地坪乡,共收集到大梁构件28件,其他构件83件,占风雨

桥构件的73%，被分类保管在风雨桥旧址的对岸。

## 力量来自民间

"我们都希望风雨桥早日重建！"从70老叟到10岁少年，地坪乡的百姓们盼望着有关部门尽快重建风雨桥。国家文物局和贵州省各级领导也已决定利用这73%的构件、完备的档案资料、民间工匠与专家结合的队伍，着手重修。目前，贵州和广西两省的文物保护研究中心正在制订具体的修建方案；国家文物局将下拨专项补助经费30万元，当地再结合本地筹款，争取在明年汛期到来之前，完成该重修工程。

地坪乡，这个在地图上很难找到的贫困乡，至今仍很闭塞。然而，正是这里的人民，对祖辈遗留下来的文化遗产怀有强烈的责任感。村民们曾经自发地成立了一个"管桥委员会"，并集资建了一座小屋。村里的寨老们担任管理委员，每个人都要值班，监督村民们不许跑步过桥，不许驱赶成队的牲口过桥。接受记者采访时，他们依然眼含热泪。一座风雨桥的失而复得，凝聚的是民间保护文物的强大向心力。

我国具有丰富的文化遗存，而且多半分布在贫困偏远地区。保护与抢救文化遗产，虽受经济条件制约，但主要还在于当地各级领导的重视程度与群众的积极参与。在地坪乡，透过一个个保护完好的侗寨、苗寨，通过教室黑板上的歌谣曲谱，我们感受到了当地领导与群众强烈的文化保护意识。

# 洪水无情
# 骇浪吞噬百年花桥
# 寨民有义
# 舍命抢回"国保"构件

光明日报　李　韵

年人均收入不足700元的极贫乡贵州省黎平县地坪乡,当今年7月20日一场百年未遇的洪水咆哮着冲毁地坪风雨桥(全国重点文物保护单位)时,当地数百名群众竟自发地跃入洪水,拼死打捞风雨桥构件,上演了一幕在新中国文物保护史上也应写上一笔的壮举。

作为记者,长期关注文物保护,经常听到的是文物被损被毁的消息。初闻此事,感动之余不禁疑惑:究竟是什么力量促使地坪的百姓如此舍生忘死地保护文物?

## 洪魔无情卷走花桥

走了近10个小时的山路后,记者来到了地坪乡。薄雾中,一条石板路伸向南江河边,路的尽头曾经就是著名的地坪风雨桥,而今那里只剩下一座残破的桥亭。亭下,南江河水从两座残缺的石桥墩间缓缓流过,很难想象它吞噬风雨桥时的嚣张。地坪风雨桥,当地又称为地坪花桥。岸边的石碑记载,地坪风雨桥"始建于光绪八年(1882年),距今已有122年的历史。它横跨于南江河上,全长57.61米,桥宽5.2米,桥高7米,距正常河道水位10.75米。"7月

20日的那场洪水实在太大,"我从未听爷爷奶奶说过这里有过这么大的水。"一位80多岁的老人讲。据乡里的干部介绍,当时水势迅猛,水位涨至8～10米,超出历史洪水水位3米以上。岸边,一截筷子粗的铁丝无声地诉说着那场惊天动地的灾难。这段护桥时用的铁丝深深嵌入树干,碗口粗的树干几乎被它勒断,足见当时洪水来势之猛。

"我们天一亮就都跑到花桥边来看,当时河两岸有好几百人呢。"随着寨民们的回忆,当天的情景逐渐在记者脑中清晰起来:那天,洪水夹带着上游冲下来的房屋、树木,不断冲撞着桥体,花桥开始晃动,危在旦夕!险情就是命令,乡党委、乡政府一面向上级汇报,一面组织近300名青壮年对桥身进行加固。

时间一分一秒过去,雨越下越大,水越涨越高,岸边的群众七嘴八舌地出主意想办法,有些妇女甚至开始烧香祈祷。11时左右,桥墩被淹;11时45分,桥面浸没水中;12时30分,一声巨响,桥体消失在惊涛骇浪中。"嘣嘣"几声,所有加固桥体用的铁丝钢绳骤断,风雨桥被无情的洪水卷走了。"那一刻,我的脑子一下子停顿了。岸上出现了瞬间的肃静,接着是一片哭声。"回忆起当时的情景,乡政府干部石开继仍非常动情。

## 众人舍命抢救构件

风雨无情人有义!在短暂的惊诧之后,随着一声高呼:"快!快把靠岸的柱子拉上来!"有一个人飞身跃进了滔滔洪水中,他就是乡派出所干警杨再华。记者没能见到这位英勇的警察,也无从获知他当时的想法。但是记者了解到,他的那声大喊唤醒了绝望中的村民,随着他的身影,上百名群众先后跃入洪水中,奋力打捞散落的花桥构件。48岁的粟朝辉和45岁的夏明荣是其中的两位。他们说:"当时就是想能救多少算多少,抢回一根是一根。"就是在这样一群人的拼死努力下,短短10分钟,10多根桥梁被打捞上来，其中还包括两根胸径0.5米、长30余米的抬梁。据91岁的杨柳生老人说，这两根抬梁是花桥的精华，是用上千年的老杉树做的，树心是红色的，当地叫红油杉，材质坚硬不变形，抗虫耐腐，是地坪花桥的顶梁柱。

由于洪水迅猛，风雨桥的大部分构件被冲入广西境内的都柳江，并在江面宽阔、水流较缓的水域被广西沿江群众打捞上来。当时所有道路都被洪水冲毁，但为了确保风雨桥的构件不流失，地坪乡政府一行8人，跋山涉水，步行50余公里到都柳江沿岸的村寨，挨家挨户地搜寻、登记，耐心地宣传文物保护法。在走访了280多户群众之后，花桥的所有大梁全部收集齐了。

地坪是一个极贫乡，人均年收入不足700元，但为了能让全国重点文物保护单位——地坪风雨桥的构件及时重返故里，这里的群众自带干粮，义务投工尽力，甚至出资，在公路交通尚未恢复的情况下，手抬肩扛，硬是从水路将30余根几千斤重的花桥构件在两天内全部运回风雨桥原址。连地坪乡小学的孩子们都加入了这个队伍！经过干部群众的共同努力，风雨桥的大梁28件，其他构件83件被追回，占全部构件的73%，为风雨桥的复建提供了重要基础。在码放整齐的构件旁，一位老汉叼着烟袋、面带笑意地说："花桥走了，我们就像家里失去了老人一样伤心。如今这些大梁救回来，就像一位走了的老人又复活了，我们开心呢。"

## 守护花桥义不容辞

在采访中，给记者印象最深的，是粟朝辉的一句话："我是本地人，这是尽义务。"这句话表达了地坪普通群众的一种共识。地坪风雨桥连接着上寨村和下寨村，这里共生活着1500余位侗族群众。风雨桥既是他们休闲、节庆的场所，也是侗族青年行歌坐月、谈情说爱的地方。最精妙的是，这座木结构的风雨桥，不用一钉一铆，仅凭着侗族民间工匠巧妙分工，就合成得天衣无缝、精美绝伦，

是现存的侗族历史上建筑最早的风雨桥,也是侗族建筑史上最杰出的代表。当地人以此为豪,把它当作村寨的宝,祖祖辈辈都将守护它当成自己的义务。

吴文凤老人是"管桥委员会"成员。他说,这个委员会自打有桥就有了,是群众自发的,由两个村寨中年纪最大的6位老人担任。他们的主要任务就是对花桥进行日常的清洁、消防和看护。不准在桥上跑跳,不准牲畜成群过桥等,是村民们必须遵守的公约。一位侗族学者说:"花桥是我们侗族人生命中的桥,保护花桥是我们传承民族文化的方式之一。孩子们是唱'地坪花桥传万代'的侗族大歌长大的。"地坪人在这种氛围中成长、生活,爱护花桥、保护花桥的意识已溶入他们的血液,他们为花桥做任何事都如同呼吸般自然,文物保护的民众意识在这里得到了最强烈的表达。

中国有全国重点文物保护单位1271处,不可移动文物近40余万处,民众是这些文物最重要的保护神。如果每个中国人都能像地坪人一样,见文物被毁如此痛心;如果人们都能将文物视为民族文化之根、精神之源,把保护文物的意识自觉地传承下去;如果大家都能将保护文物当成是不可推卸的责任和义务;如果每位施政者都能如地坪乡政府一样,不遗余力地带头抢救文物;如果上述这些"如果"都不再仅仅是"如果",那么,我们的先人和后人将会怎样感谢我们的一世之功……

# 侗族"国保"贵州省黎平县
# 地坪风雨桥修复有望

中国新闻社　满会乔

## 侗族文物精品

风雨桥又称花桥，和鼓楼一样都是侗寨特有的标志性建筑，而地坪风雨桥是贵州境内规模最大、造型最美的一座风雨桥。

位于贵州省东南黎平县最南端的地坪风雨桥始建于清光绪八年(1882年)，2001年被国务院公布为全国重点文物保护单位，是贵州省侗族风雨桥建筑中唯一的全国重点文物保护单位，与鼓楼、侗族大歌合称侗族三宝。

地坪风雨桥全长57.61米，横跨南江河，自古即扼控通往广西的孔道。桥上有三座楼，整桥不用一钉一铆，没有钢筋水泥，没有设计图纸，仅凭侗族民间工匠的高超技艺建造而成。桥上有楼，楼中设廊，廊内有画，画中记载着侗族人民生活习俗和民族英雄传说。

1997年，邮电部将此桥设计为邮票发行，使这座美丽的风雨桥更广为人知。每年有大约5000名游客慕名来地坪风雨桥参观。

## 像失去亲人一样伤心

2004年7月20日对于地坪人来说是一个伤心的日子，因为他们眼睁睁地看着相伴自己成长的风雨桥被百年不遇的洪水冲走。地坪人想尽了一切办法来挽留它，用铁丝、钢绳将桥身捆绑、加固、牵引，却都无济于事。一位侗族老人流着泪说："花桥走了，我们

像家里失去了老人一样伤心。"

7月中下旬，黎平县遭受特大暴雨袭击，致使南江河遭遇百年不遇的洪灾。洪水冲毁了横卧南江河上的地坪风雨桥，却冲不毁地坪人对风雨桥的感情。55岁的罗志祥和几十个青壮年冒险下水抢回了两根主梁，他是当时下水的人中年纪最大的。桥梁冲毁的第二天，人们就开始沿河搜寻工作。道路都被冲毁了，人们只有徒步翻山越岭前往河流下游的广西境内搜寻。花了整整两天两夜，地坪人共走访了近三百农户，搜寻到花桥大梁26根。

之后，更艰难的工作开始了。人们自发带上干粮，徒步赶往50多公里外的地方拉木头，由于没有路，人们就像黄河上的纤夫一样，用绳子牵、人推、肩拉，拖着木料沿河而行。一根要二十多人才拉得动，一百多人像蚂蚁搬家一样用了十多天时间才把几千斤重的桥梁构件全部搬回原址河边。村民们分文未取，甚至自发捐钱支付打捞费用。到8月5日共收集到构件木料111件，其中包括所有的大梁构件28件，占全部构件的73%，为修复风雨桥打下了基础。

### 风雨桥修复有望

在黎平县，我们看到一份按着鲜红手印的名单分别是353名地坪小学师生、397名地坪乡上寨村、下寨村民强烈要求重新修建地坪风雨桥的亲笔签名，占了风雨桥所在地村民的一半以上。

曾山生、李之通、粟文付、吴文凤等六位侗族老人十多年来一直守护着风雨桥，桥没有了之后，他们又轮流守护着回收回来的木料，老人期盼着花桥早日的修复。

由于主要构件抢救及时、文物档案齐全、工艺技术能够满足修复要求等多种有利因素，地坪风雨桥的修复工作将不会有太大困难。国家文物局办公室副主任王军表示，此次修复工程主要依靠全国重点文物保护单位专项资金和地方筹款，将待国家文物局批准后采取招投标形式实施修复工作。

### 心系地坪风雨桥

目前,贵州、广西两省的文物保护研究中心正在制订风雨桥的修复方案,主要研究如何在不改变风雨桥原状的前提下,根据防洪需要采取一些保护措施,比如增加桥梁高度,在桥墩外侧加固"保坎",以增强其抵抗洪水的能力。修复方案预计在年底完成,修复工程大概需要一百天时间。

# 人与桥的故事

## 中国文物报　李　艳

位于湘、黔、桂三省交界处的贵州省黎平县，是一个闭塞、偏僻的山区，这里聚居着我国人数最多的侗族人口，保存着较为完好的侗族文化。驱车行驶于崇山峻岭之间，常能看见依山傍水而建的侗族村寨，吊脚楼、鼓楼、风雨桥与青山碧水构成别样的风景。两年前，我曾随一个电视台的拍摄小组来此采风，对这里独特的地域文化和淳朴的民风留下了深刻印象，这次故地重游却是为了一座桥的缘故。今年7月20日，一场前所未遇的山洪冲毁了黎平县地坪乡一座已有122年历史的风雨桥，当地几百名侗族群众不惜冒着生命危险从洪水中抢救回桥的大部分构件，演绎了一个人与桥"风雨共济"的动人故事。

### 一座桥能承载什么？

风雨桥对于侗族有着特殊的意义。风雨桥，又称花桥，是侗族最具代表性的建筑之一。这种建筑兴起于汉末至唐代，因桥上有楼，楼下有廊，既可行人，又能遮风避雨，故称风雨桥。

侗族喜欢依山傍水而居，因此每个村寨都少不了桥，而风雨桥对于侗族人，除了具有实用和美化环境的功能以外，更是侗族人劳作之余休闲、娱乐、聚会的一个重要场所，人们习惯在桥上纳凉、躲雨，青年男女喜欢在桥上唱歌、跳舞、赛芦笙。这里还是寨子举行仪式、欢庆年节、开会议事、迎来送往的一个不可缺少的场所。此外，崇拜自然、信奉神灵、讲究风水的侗族，还把安定、幸福的生活理想寄托在风雨桥上。他们认为风雨桥能起到"接龙脉、关风水"的作用。他们一般在河流的下游、寨子的后半部修建风雨桥，

## 心系地坪风雨桥

以免财源外流，邪恶入侵。这一风俗表现了侗族对生命和自然的一种朴素观念，侗族与风雨桥结下了不解之缘。

如今，黎平境内还留存着大小不一的风雨桥290余座，而地坪风雨桥是最为古老和精美的一座，2001年，地坪风雨桥被评为全国重点文物保护单位。资料上是这样描述这座桥的："地坪风雨桥，桥长70米，桥面宽4.5米。桥上有3座桥楼，高大的中楼建于河心石墩上，形制与鼓楼相仿，楼壁绘有侗族妇女纺纱、织布、刺绣、踩堂歌以及斗牛等图景，整座桥木构件的衔接拼合不用一钉一铆却严丝合缝。"

说起来，我曾在地坪风雨桥上逗留过片刻。在我的印象中，这是一座古老而幽静的廊桥，横跨于南江河两岸，河水从桥下无声地流过，站在桥上观看风景是一件很惬意的事，仰视桥廊，檐梁间描画的彩图已经有些陈旧、黯淡，四周很安静，稍一挪步，桥面的木板就会发出吱吱的响声。

地坪风雨桥始建于清光绪八年（1882年），是侗族历史上现存最早的风雨桥，它承载了当地几代侗族人的岁月和记忆。关于最初建桥的详细情况，后人已经无法知晓，只能从只言片语的传闻中加以推测。据当地一些老人说，过去，这一段南江河是贵州通往广西的交通要道。没有这座桥的时候，路人常常蹚水过河，人畜溺亡的事时有发生，因此，附近村寨的村民集资请来工匠用了三四年时间修建了这座桥。建桥用的木材全是本地产的杉木。地坪村91岁的老人杨柳生说，桥上的两根抬梁是用上千年的红油杉做成的，纹理顺直、材质坚硬，有香味，能抗虫耐腐，是这座桥的顶梁柱。

不知从何时起，附近村寨的村民自发地组织起来看护这座桥。守桥的人负责打扫卫生、防火防水、补葺脱落的瓦片、劝止路人在桥上跑跳，并阻止成群的牲口过桥。这一规矩被一代一代地传了下来。看管桥的"机构"现在被称为管桥委员会，成员皆为"民选"，由风雨桥附近上、下寨村颇有威望的老人组成。桥头的一幢小砖房

是专门用来守桥的,看桥的人天亮就来到这里,直到凌晨左右方才离去。

这座桥已经和当地人的生活水乳交融。这一地区的侗族歌谣中甚至还流传着"地坪花桥传万代"的唱词。谁料到4个月前这座被视为地坪乡象征的古桥竟然被山洪席卷而去。

## 山洪席卷风雨桥

11月24日,我们从桂林出发,途经广西的龙顺、三江进入贵州境内,地坪乡距黔桂边界仅6公里,正处于龙额河和南江河的交汇点,南江河从地坪向南迤逦6公里,在广西三江县高安村就汇入了都柳江。我们沿江逆流而上,一路上路况颇不好,时常能看见因暴雨冲袭造成山体滑坡的痕迹。望着河道里温驯地流淌着的南江河,难以想象它也有肆虐横流的时候。

11月25日清早,我们来到了地坪风雨桥原址。印象中的重楼叠阁和飞檐翘角已经不见了踪影,桥北端入口处还留存着一座小亭子,构件大都歪斜、断裂,靠近北岸的石桥墩尚在,而另一座桥墩已被冲走了。桥南端用来守桥的砖房只剩下残垣断壁,岸边地势较低处的田地显得有些凌乱,地面积淀着一层泥沙,河边有几间临时搭建起来的棚户,洪水泛滥时,水位上升了8~10米,这一片都被淹没了。

本来,灾害性天气在山区并不少见,今年的气候却更为异常。当地乡干部介绍说,7月18日~20日,黎平县连降大雨,地坪乡降雨量最高时达到196毫米,大雨连续下了十几个小时,沟满壕平,山洪倾泻而下,河水暴涨,全乡受灾面积将近50%。"这样大的洪水真是百年未遇",乡干部感叹道。

地坪风雨桥正扼踞于两山之间较为狭窄的峡谷上,处境堪忧,乡里专门派出一个小组负责观察水情,保护风雨桥的安全。正常情况下,风雨桥桥身距离水面10.75米,一般的洪涝并不会危及桥的

## 心系地坪风雨桥

安全，然而这次山洪暴发非同一般，河水在这里迅速上涨，很快就超出了南江河的历史最高水位线。险情不断逼近，7月20日上午9时，南江河地坪段水位超出历史最高水位线，情势危急，乡政府一边向县政府报告险情，一边组织人员找来铁丝、钢绳对桥身进行捆绑、加固、牵引。上、下寨村近300名青壮年参加了这次抢救行动。然而洪水涨势迅猛，上午11时左右桥墩被洪水淹没，从上游冲下来的房屋构件及树木撞击着桥体。11时45分，洪水浸没了桥面并继续上涨一米多高，整座桥身陷于洪水的包围之中。12时25分，桥南侧的石墩被洪水冲垮了，南侧巨大的桥楼轰然倾斜、塌陷，巨响声中，所有的钢丝、绳索都崩断了，不一会儿，风雨桥即被洪水席卷而去……岸上500多名村民目睹了这惊心动魄的一幕。村民粟朝辉后来告诉我们："桥被冲垮之前，现场很嘈杂，大家你一言我一语地议论着怎样才能保住桥，然而当桥垮下去的时候，现场一片沉寂，大家像在哀悼一样，一句话都没有，很多人留下了眼泪。"乡政府办公室的石开继回忆道："桥被冲垮的一刹那，听到一阵巨响，我的思想停顿了几秒钟，傻傻地站在那里……后来很多人都哭了，我虽然竭力保持冷静，但心里非常难受。"

下游距风雨桥约200米处，有一座水泥桥，守在桥端的人看见从上游飘来的风雨桥构件被水流裹进桥洞，"像吃面条一样被喝了下去"，过了桥洞，桥构件全都散开了，江面上漂满了木头。

此时，由于交通、电力、通信全部中断，地坪乡与外界失去了联系。次日，由黎平县副县长张先明带领的武警应急小分队在公路塌方、车子无法通行的情况下，步行近50公里到达地坪。

### 抢救风雨桥构件

在应急小分队赶来之前，地坪乡群众已经和洪水抗争了大半天，从河中抢救、打捞出风雨桥的部分构件，包括两根大梁。据目击者回忆，风雨桥被洪水卷去后，一些被铁丝、钢绳固定住的构件

仍然在水中漂浮。"快！快把靠岸的柱子拉上岸"，乡派出所干警杨再华喊了一声就率先跳下了水。随后，上百名识水性的人纷纷跳下水抢救、打捞还未被冲走的桥构件。地坪乡乡长甘仕杰站在桥端向我们介绍当时的情况时说："这里水太急，太危险。大家只能在下游50米处水势较缓的地方下水，当时下水的有100余人，现场打捞的有300余人，很多群众自发地参与了抢救。"参与过打捞的粟朝辉说："我水性比较好，能捞到多少就捞多少，不过留给我们的时间太少了。10多分钟桥就全给冲垮了。"

打捞到的构件只是一小部分，大部分则被冲往下游广西境内的都柳江。都柳江江面开阔，水流较缓，从上游飘来的风雨桥构件大都被广西高安—洋溪沿江村民打捞。

7月21日，洪水回落了，南江河又恢复了平静。为了回收风雨桥构件，乡长甘仕杰带着人沿南江河步行50余公里搜寻到都柳江，一路寻访了广西沿江村寨近280户人家。三天后，黎平县成立了地坪风雨桥构件收集小组，收集小组进驻广西高安、富禄、勇伟、波里等地开展工作，经过劝说和协商，当地村民交出了打捞的风雨桥构件。两次搜寻行动回收了73%的风雨桥构件。

然而把这些构件运回来却是一件困难的事，因为有的路段还不能通行。上、下寨村的上百名村民自愿组织起来，经过十几天的艰苦劳动，用拉纤这种古老的方式将构件拖运回地坪乡。据说一根大梁要二十人才能拉动，有不少还是从二十公里远的地方拉回来的。

这些构件现在就堆放在风雨桥原址的南岸。下寨村的寨佬，73岁的吴文凤老人已经守桥十几年了，望着零散的桥构件，老人的话语很少，混浊的眼睛里流露出忧伤。没有了桥，北岸的人到南岸去还须绕行500米。失去了桥，村民们仿佛失去了精神的支撑和生活的依托。村民们盼望能够早日重建风雨桥。为此，上、下寨村的上千名男女老少在请求复建地坪风雨桥的倡仪书上郑重地签上了自己的名字。

心系地坪风雨桥

## 建桥的愿望即将实现

我们在采访中了解到,重建地坪风雨桥已经被提上了议事日程。贵州省文物局局长侯天佑介绍说:"地坪风雨桥主要的构件已经被抢救回来了,文物档案也很详细、规范,在技术上并没有什么困难,完全具备重建的条件。"

目前,贵州省文物保护研究中心和广西省文物保护研究中心两家机构正在合作制订地坪风雨桥的修复方案。在方案中将考虑增加必要的加固和安全措施,避免类似灾难的再次发生。一旦方案审批通过,有关部门将按照文物修复的程序和规定尽快实施。

据悉,国家文物局已经为地坪风雨桥的重建项目拨付了30万元前期经费。

# 洪水突袭后
# 七成文物构件被群众寻回
# 黎平地坪风雨桥着手按原貌修复

贵州日报　樊园芳

11月25日，国家文物局和省文物局有关专家到黎平县地坪乡全国重点文物保护单位地坪风雨桥原址考察时表示，地坪风雨桥将按原貌进行修复，修复后的风雨桥不影响其文物价值。

始建于1882年的地坪风雨桥，横跨于南江河上，全长57.61米，是侗族风雨桥建筑中的极品。整座风雨桥不用一钉一铆，没有钢筋水泥，没有设计图纸，全凭侗族民间工匠巧妙分工建造而成。

7月20日，一场百年不遇的洪水将地坪风雨桥冲毁，大部分桥构件被冲入广西境内都柳江。地坪乡上百名干部群众沿着南江河在黔、桂两省搜寻风雨桥构件，10天内将地坪风雨桥28根大梁全部找回，寻回其他构件83件，占地坪风雨桥构件的73%。

地坪风雨桥是中国古代建筑的一个经典范例，是目前贵州最古老、最有特点的风雨桥，1982年被列为省级文物保护单位，2001年被国务院公布为全国重点文物保护单位。风雨桥利用侗区最好的杉木建造，由侗族工匠用传统的侗族建筑手法建成，包含着丰富的民族文化内涵。

接到地坪风雨桥被毁的消息后，贵州省文物局第一时间赶到现场，对被毁情况进行调查。地坪风雨桥被毁令人痛心，但值得庆幸的是，28根大梁被全部找回，73%的主要原构件被找回。贵州省文物局还保存着完整的地坪风雨桥资料、档案，在桥西南头还保留着

## 心系地坪风雨桥

完整的亭子、门楼和碑刻,这些有利条件为地坪风雨桥的修复打下了良好的基础。

贵州省文物局正在按照国家文物修复的原则,为地坪风雨桥做修复方案,方案经国家文物局批准后,将很快实施地坪风雨桥的修复工作。由于有完整的档案资料、大部分原构件和传统的工艺手法,地坪风雨桥可以完全按原貌修复,不会失去原来的文物价值。

到现场考察的国家文物局办公室副主任王军告诉记者,地坪风雨桥是非常重要的文物,被冲毁后,国家文物局非常重视,贵州省文物局做出修复方案,国家文物局研究批示后,估计很快就可以施工修复。

地坪风雨桥旁上、下寨的群众得知风雨桥修复的消息后,都汇聚在桥亭旁,寨子里的老人告诉记者,风雨桥伴随他们度过一生,逢年过节,大家要聚在桥边欢庆,年轻的时候,要在桥上行歌坐月。桥被冲毁后,寨子里的人都哭了。寨子里的年轻人到都柳江寻找构件,整整两天两夜才把大梁、构件从水路拖回来,大家盼着能早一天将风雨桥修复。

# 后 记

地坪风雨桥位于贵州省黎平县地坪乡,俗称花桥。清光绪八年(1882年)修建。该桥横跨于南江河上,河心用青石砌一高为7.1米的石墩,支撑木梁结构的桥身。其下部有两排各为八根粗大的杉木穿榫连成一体,分两层呈天平状向两边悬挑。上部两排由每层4根粗长的杉木用榫连成一排,架于墩岸之上,上面架桥廊。桥廊两侧均有高1米的梳齿栏杆。栏杆下面有一层外挑1.4米的大挑檐,既美化了桥身,又可保护下面木构件免于雨淋,桥上建桥楼三座,一大二小,中楼为五重檐四角攒尖顶。桥廊内设有长凳,并绘有20多幅侗族风情画,生动逼真。该桥的结构以及各构件间的连接、固定全部采用木榫、木栓和竹钉,表现了侗族工匠高超的建造技术。由于地坪风雨桥具有重要的历史、科学和艺术价值,2001年6月25日,国务院公布其为第五批全国重点文物保护单位。

2004年7月,在世世代代侗乡人眼中一向清秀温和的南江河,却变得狂放不羁,连日暴雨形成了大大超出历史水文记录的巨大洪峰。当地政府和广大群众立即开展了救援风雨桥行动,对桥身采取了多种加固措施,无奈水势太大,最终连墩带桥被冲毁。当地群众不顾个人安危,不计个人得失,在洪水中奋勇抢救风雨桥,并步行50多公里搜救征收被洪水冲走的构件,使得73%的木构件得以收回,使修复风雨桥成为可能,体现了当地干部群众极强的文物保护意识。

国家文物局高度重视地坪风雨桥的保护工作,积极提供业务上和技术上的支持,并请贵州省文物局委派专家到现场实地检查,同时组织专业单位做好原地勘察、测绘资料的搜集和整理工作。考虑到风雨桥在建筑、艺术上的独特价值,以及当地政府和群众修复风雨桥的强烈愿望,尤其是在当地政府和群众的努力下,大部分桥体

## 心系地坪风雨桥

等文物构件，其中包括主要构件——28根大梁已经全部收齐，国家文物局积极与财政部协商，特事特办，在2004年国家重点文物保护专项经费中拨专款用于风雨桥文物构件的保护和保护修复方案的编制工作。

11月，国家文物局组织由中央电视台、新华社、人民日报、光明日报、中新社、中国文物报社等多家媒体记者组成的采访团，赴地坪对先进事迹进行宣传报道。采访团实地考察了被洪水冲毁的风雨桥的现场，走访了当时参与抢救的干部群众，分别与黎平县和地坪乡的有关领导进行了座谈，并向贵州省文物部门了解了有关风雨桥抢救修复的情况。记者们通过第一手的资料，了解到在与大水搏斗和搜集桥体构件的过程中涌现出的感人事迹，就此写出了一篇篇的生动报道。12月，文化部、国家文物局决定授予贵州省黎平县地坪乡文物保护特别奖，对14个参与抢救文物的个人给予表彰。

目前，贵州省文物局、地方政府及有关部门正在积极组织有文物保护工程勘察设计资质的专业单位编制风雨桥修复设计方案。国家文物局要求该方案在对风雨桥修复的必要性和可行性做充分研究的基础上，科学评估风雨桥所具有的重大而又独特的文物价值，深入研究其在建筑技术、装饰艺术上的特点，严格依照"不改变文物原状"的原则进行修复设计。待该方案编制完成后，国家文物局将组织专家对其进行科学研究、论证。在充分论证的基础上，国家文物局将拨专款用于地坪风雨桥的修复。

我国拥有丰富的文物资源，建立国家保护为主，全社会共同参与的文物保护体制是众多文物得到有效保护的希望所在。地坪乡广大干部群众奋勇抢救风雨桥的先进事迹，正是全社会积极参与文物保护的生动体现。我们现在将其编辑成册，就是希望社会大众能够向他们学习，积极投入到文物保护的行列中，使祖国的优秀文化遗产传之久远。

封面设计：李克能
责任印制：陆　联
责任编辑：冯冬梅　李媛媛

**图书在版编目（CIP）数据**

心系地坪风雨桥/国家文物局编．
北京：文物出版社，2005．5
ISBN 7-5010-1728-X

Ⅰ．心…　Ⅱ．国…　Ⅲ．纪实文学—中国—当代
Ⅳ．125

中国版本图书馆 CIP 数据核字（2005）第 015169 号

**心系地坪风雨桥**

国家文物局　编
\*
文物出版社出版发行
（北京五四大街29号）
http://www.wenwu.com
E-mall：web@wenwu.com
文物出版社印刷厂印刷
新华书店经销
2005年5月第一版　第一次印刷
850×1168　1/32　印张：3.125
ISBN 7-5010-1728-X/K·904
定价：20.00元